AF398126

Reyes Miguel Sánchez Pertíñez

¡YO TAMBIÉN QUIERO SER TRADER!

101 CUESTIONES BÁSICAS QUE LA INTELIGENCIA ARTIFICIAL CONSIDERA ESENCIALES PARA TRIUNFAR COMO TRADER.

En colaboración con:

Autor Principal:

Reyes Miguel Sánchez Pertíñez

Nota sobre la Inteligencia Artificial:

La inteligencia artificial se usó en la creación de este libro como una herramienta complementaria de generación de contenido. El autor principal aportó su experiencia y conocimiento de los mercados financieros para el desarrollo de la idea creativa, composición de la obra, creación de contenido y supervisión y edición de todo el material para garantizar su coherencia y calidad. Esta obra ha sido creada en colaboración con el modelo de lenguaje de inteligencia artificial GPT-3.

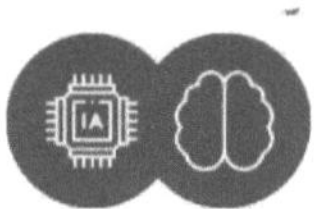

Imagen de portada creada con: DALL-E3

Impresión y editorial: BoD – Books on Demand info@bod.com.es - www.bod.com.es Impreso en Alemania – Printed in Germany

ISBN: 9788413266688

Agradecimientos:

Para Juan que es la luz de mis días más oscuros.

Para María por creer en mí más que yo mismo.

Os quiero.

Índice

I. Conceptos Generales Sobre Trading.

1. ¿Cuáles son las diferencias entre inversor y trader?

Inversor:

- **Horizonte temporal:** Los inversores tienden a tener un horizonte temporal a largo plazo. Su objetivo principal es hacer crecer su capital a lo largo de muchos años, incluso décadas.
- **Enfoque:** Los inversores se enfocan en comprar activos (como acciones, bonos o bienes raíces) con la expectativa de que su valor aumentará con el tiempo. Suelen mantener estos activos durante períodos prolongados.
- **Riesgo:** Los inversores están dispuestos a asumir riesgos a largo plazo y pueden tolerar fluctuaciones en el valor de sus inversiones a corto plazo, ya que confían en que, a largo plazo, sus inversiones crecerán en valor.
- **Análisis:** Los inversores suelen realizar un análisis fundamental detallado de las empresas o activos en los que invierten, examinando sus fundamentos financieros y su potencial a largo plazo.
- **Actividad:** Los inversores no realizan muchas operaciones y, en su mayoría, mantienen sus inversiones a largo plazo sin hacer cambios frecuentes.

Trader:

- **Horizonte temporal:** Los traders tienen un horizonte temporal más corto y a menudo realizan operaciones que pueden durar desde segundos hasta días, semanas o meses, pero rara vez años.
- **Enfoque:** Los traders se centran en aprovechar las fluctuaciones de corto plazo en los precios de los activos financieros. Compran y venden activos con mayor frecuencia y con el objetivo de obtener ganancias rápidas.

- **Riesgo:** Los traders están dispuestos a asumir riesgos a corto plazo y pueden tolerar movimientos de precios más volátiles, ya que buscan ganancias rápidas.
- **Análisis:** Los traders pueden utilizar análisis técnico (patrones de gráficos, indicadores técnicos) y análisis fundamental (a corto plazo) para tomar decisiones comerciales.

- **Actividad:** Los traders son más activos y realizan muchas operaciones en un período de tiempo más corto. Pueden abrir y cerrar posiciones en cuestión de minutos u horas.

2. ¿Qué es el trading y cómo funciona?

¿Qué es el trading?

El trading es una actividad financiera que implica comprar y vender activos financieros con el propósito de obtener ganancias. Estos activos pueden incluir acciones de empresas, divisas, materias primas como petróleo o metales, bonos y criptomonedas como Bitcoin. Los participantes en el trading, conocidos como traders, buscan aprovechar las fluctuaciones en los precios de estos activos para comprar cuando los precios son bajos y vender cuando son altos, o viceversa, en un período de tiempo relativamente corto.

Cómo funciona el trading:

1. **Elección del mercado y activo:** El primer paso es seleccionar en qué mercado financiero deseas operar. Los mercados más comunes, que más adelante analizaremos, incluyen el mercado de valores (acciones), el mercado de divisas (forex), el mercado de materias primas y el mercado de criptomonedas. Luego, eliges el activo específico en el que deseas invertir, como una acción de una empresa en particular o una moneda específica.

2. **Análisis del mercado:** Antes de realizar una operación, los traders suelen realizar análisis para tomar decisiones informadas. Hay dos enfoques principales:

    o   **Análisis fundamental:** Se basa en el estudio de la salud financiera de una empresa (en el caso de acciones) o en factores económicos y políticos (en el caso de divisas). Los traders examinan informes de ganancias, noticias económicas y otros datos fundamentales para predecir movimientos de precios.

    o   **Análisis técnico:** Aquí, los traders estudian patrones de precios históricos y utilizan herramientas gráficas para identificar tendencias y puntos de entrada y salida.

3. **Plataforma de trading:** Necesitas una plataforma de trading en línea, que es una herramienta que te permite acceder al mercado y realizar compras y ventas de activos. Estas plataformas suelen proporcionar gráficos en tiempo real, noticias financieras y herramientas de análisis.

4. **Ejecución de la operación:** Una vez que hayas realizado tu análisis y tengas una estrategia en mente, puedes ejecutar la operación. Puedes comprar (llamado "ir en largo") si crees que el precio subirá, o vender (llamado "ir en corto") si crees que el precio bajará.

5. **Gestión de riesgos y estrategia:** Es esencial establecer límites de pérdida y ganancia para proteger tu inversión. Los traders desarrollan estrategias para determinar cuándo salir de una posición y asegurar ganancias o minimizar pérdidas. A esto se le denomina gestión en perdidas y gestión en ganancias.

6. **Monitoreo y seguimiento:** Después de abrir una posición, debes seguir de cerca cómo se desarrolla el mercado. Puedes ajustar tu estrategia según sea necesario a medida que evoluciona la situación.

7. **Registro y aprendizaje:** Llevar un registro de todas tus operaciones es crucial para aprender de tus éxitos y errores. Esto te ayudará a mejorar tu habilidad como trader con el tiempo.

8. **Control emocional:** Mantener la disciplina y evitar tomar decisiones impulsivas basadas en emociones es una parte importante del trading. Los mercados pueden ser volátiles, y es fundamental mantener la calma.

9. **Gestión de capital:** Administra tus recursos financieros de manera responsable y no inviertas más de lo que puedas permitirte perder.

3. ¿Cuál es el objetivo principal del trading?

El objetivo principal del trading es generar ganancias financieras al comprar y vender activos financieros, como acciones, divisas, materias primas o criptomonedas. Los traders participan en el mercado con la intención de aprovechar las fluctuaciones en los precios de estos activos para obtener beneficios.

- **Ganancias financieras:** El objetivo principal es ganar dinero. Los traders compran un activo cuando creen que su precio aumentará y lo venden cuando creen que disminuirá. La diferencia entre el precio de compra y venta, después de tener en cuenta los costos y comisiones, representa su ganancia.
- **Generar ingresos:** Algunas personas utilizan el trading como una fuente de ingresos principal o adicional. Pueden ser traders a tiempo completo o a tiempo parcial, dependiendo de su nivel de compromiso y habilidad.
- **Preservar y hacer crecer el capital:** Los traders también buscan proteger su capital inicial y aumentarlo con el tiempo. Esto se logra mediante una gestión prudente del riesgo y la aplicación de estrategias que maximizan las ganancias y minimizan las pérdidas.

- **Independencia financiera:** Para algunos, el trading es una vía para lograr la independencia financiera, lo que significa tener suficientes ingresos y activos para cubrir sus necesidades y metas financieras sin depender de un empleo tradicional.

- **Desarrollo de habilidades:** El trading también puede ser una oportunidad para desarrollar habilidades analíticas, de toma de decisiones y de gestión del riesgo. Muchos traders consideran que es una actividad intelectualmente estimulante.

4. ¿Qué son los fractales en el mundo del trading?

Los fractales en el mundo del trading son patrones de precios que se utilizan para identificar posibles puntos de inversión o continuación de tendencia en un gráfico de precios.

1. **Fractal Superior (Posible Punto de Venta):** Un fractal superior se forma cuando el precio muestra una secuencia de cinco barras, y la barra central tiene el precio más alto, mientras que las dos barras a su izquierda y las dos barras a su derecha tienen precios más bajos. Esto sugiere un posible punto de venta o una reversión bajista en el mercado.

2. **Fractal Inferior (Posible Punto de Compra):** Un fractal inferior se forma cuando el precio exhibe una secuencia de cinco barras, y la barra central tiene el precio más bajo, mientras que las dos barras a su izquierda y las dos barras a su derecha tienen precios más altos. Esto indica un posible punto de compra o una reversión alcista en el mercado.

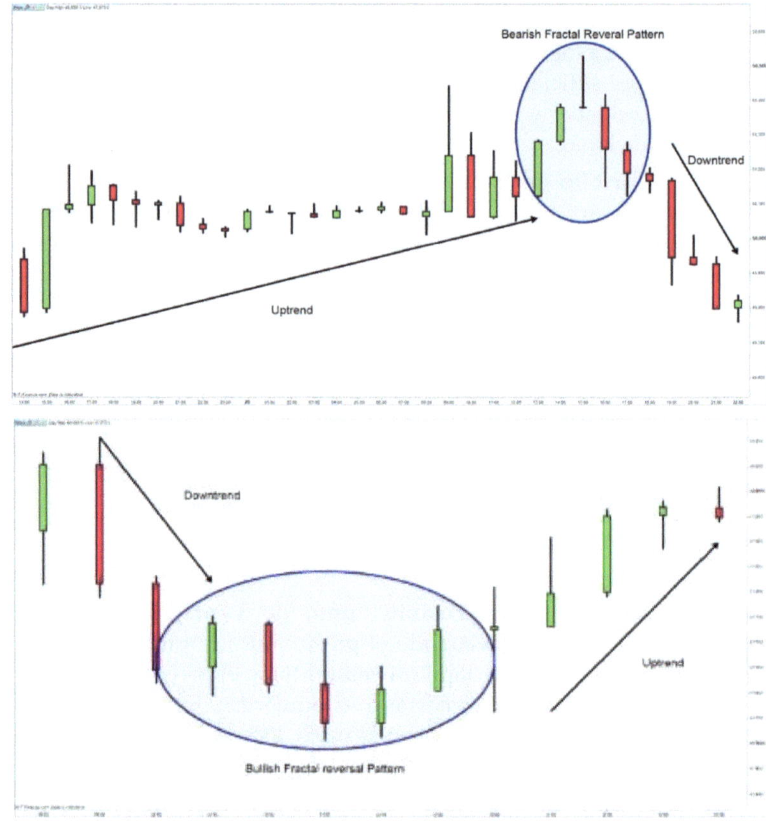

Fuente: IG.com

Los fractales en el trading están relacionados con los niveles de soporte y resistencia, ya que ambos conceptos ayudan a los traders a identificar áreas clave en un gráfico de precios que pueden influir en la dirección futura del mercado. Esta es la relación entre fractales, soportes y resistencias:

Fractales y Soportes/Resistencias:

- **Fractales como Soportes y Resistencias Dinámicos:** Los fractales, cuando se forman en un gráfico, representan niveles de precio significativos. Un fractal superior (formado por cinco barras con la barra central más alta) puede actuar como una resistencia dinámica, mientras que un fractal inferior (cinco barras con la barra central más baja) puede actuar como un soporte dinámico. Estos niveles son dinámicos porque cambian a medida que se desarrollan nuevos fractales en el gráfico.

- **Identificación de Rompimientos:** Los traders a menudo utilizan los fractales como parte de su análisis para identificar posibles puntos de rompimiento. Cuando el precio rompe por encima de un fractal superior, puede indicar una ruptura alcista y una continuación de la tendencia alcista. Del mismo modo, cuando el precio rompe por debajo de un fractal inferior, puede señalar una ruptura bajista y una continuación de la tendencia bajista.

- **Confluencia de Señales:** Cuando los niveles de soporte o resistencia identificados por los fractales coinciden con otros niveles de soporte o resistencia clásicos en el gráfico, esto puede proporcionar una confluencia de señales y aumentar la confianza de un trader en la importancia de esos niveles.

- **Gestión de Riesgos:** Los niveles de soporte y resistencia, ya sean identificados por fractales o por otros métodos, son esenciales para la gestión de riesgos. Los traders suelen establecer sus niveles de stop-loss y take-profit cerca de estos niveles para limitar pérdidas y asegurar ganancias.

5.¿Qué activos se pueden negociar en los mercados financieros?

Acciones (Equity):

- Las acciones representan la propiedad parcial de

una empresa.

  - Los inversores compran acciones con la esperanza de que su valor aumente con el tiempo.
  - Proporcionan derechos de voto y participación en las ganancias de la empresa.

- Es posible buscar rentabilidad a partir de los dividendos que la empresa reparta entre sus accionistas.

Bonos (Deuda):

- Los bonos son instrumentos de deuda emitidos por gobiernos, empresas o instituciones financieras.
- Los inversores compran bonos y reciben pagos de interés regulares más la devolución del principal en una fecha de vencimiento específica.

Divisas (Forex):

- El mercado de divisas es donde se negocian las monedas extranjeras.
- Los traders compran una moneda y venden otra con la esperanza de beneficiarse de las fluctuaciones en las tasas de cambio.

Materias Primas (Commodities):

- Incluyen productos físicos como petróleo, oro, plata, trigo, maíz, etc.
- Los inversores pueden comprar futuros, opciones o contratos de materias primas para especular sobre sus precios o cubrirse de posibles riesgos futuros.

Índices Bursátiles:

- Representan el rendimiento general de un grupo de acciones en un mercado específico.
- Los inversores pueden comprar y vender contratos de futuros cuyos activos subyacentes son los índices o ETFs (fondos cotizados en bolsa) también basados en esos mismos índices.

Criptomonedas:

- Activos digitales como Bitcoin, Ethereum y muchas otras.

- Se negocian en plataformas de intercambio de criptomonedas y son conocidos por su volatilidad.

ETFs (Exchange-Traded Funds):

- Son fondos de inversión que cotizan en bolsa como una acción.
- Siguen el rendimiento de un índice, activo o cesta de activos subyacentes.

Opciones y Futuros:

- La compra de contratos de opciones otorgan el derecho (pero no la obligación) de comprar o vender un activo a un precio determinado en una fecha futura.
- Los futuros son contratos para comprar o vender un activo subyacente en una fecha futura a un precio acordado.

Inversiones Inmobiliarias:

- Incluyen bienes raíces comerciales, como edificios de oficinas o propiedades residenciales.
- Los inversores pueden comprar propiedades directamente o invertir en fondos de inversión inmobiliaria (REITs).

Derivados Financieros:

- Incluyen una variedad de instrumentos financieros, como opciones, futuros, swaps y CFDs (Contratos por Diferencia), que derivan su valor de un activo subyacente.

6. ¿Qué es el análisis técnico y para qué se utiliza?

El análisis técnico es una metodología utilizada en el campo de la inversión y el trading para evaluar y predecir los movimientos futuros de precios de activos financieros, como acciones, divisas, materias primas o criptomonedas. Se basa en el supuesto de que los precios de estos activos reflejan toda la información disponible en el mercado y que los patrones pasados de precios pueden ayudar a predecir los patrones futuros.

Componentes clave del análisis técnico:

1. **Gráficos de Precios:** El análisis técnico se centra en el estudio de los gráficos de precios. Los datos de precios se representan en gráficos que muestran la evolución del precio a lo largo del tiempo. Los tipos comunes de gráficos son los gráficos de líneas, los gráficos de barras y los gráficos de velas japonesas.

2. **Indicadores Técnicos:** Los indicadores técnicos son fórmulas matemáticas aplicadas a los datos de precios para proporcionar señales y pistas sobre posibles movimientos futuros. Ejemplos de indicadores técnicos más usados son las medias móviles, el RSI (Índice de Fuerza Relativa) y el MACD (Convergencia/Divergencia de Medias Móviles).

3. **Patrones de Gráficos:** Los analistas técnicos buscan patrones específicos en los gráficos que se han observado históricamente antes de cambios significativos en los precios. Ejemplos de patrones de gráficos son los triángulos, las cabezas y los hombros, y las banderas.

Es beneficioso conocer tantos indicadores y patrones como sea posible, pero siendo consciente de que todos van retrasados respecto al precio y que ninguno es infalible ni va a ofrecer la fórmula mágica para ser invencible en el mercado. Además, los inversores más fuertes usan la información de los indicadores para colocar "trampas" a los pequeños inversores y barrerle los stop loss, es decir, llevan el precio a niveles donde los principales indicadores muestran una gran probabilidad de colocación de límite de pérdidas de los retails, o inversores minoristas y hacerles perder el dinero invertido en dichas posiciones.

¿Para qué se utiliza el análisis técnico?

El análisis técnico se utiliza para varios propósitos en el ámbito de la inversión y el trading:

1. **Toma de Decisiones de Compra y Venta:** Los inversores y traders utilizan el análisis técnico para tomar decisiones sobre cuándo comprar o vender activos financieros. Los patrones y los indicadores técnicos pueden proporcionar señales sobre posibles puntos de entrada y salida.

2. **Gestión del Riesgo:** Ayuda en la identificación de niveles de stoploss (límites de pérdida) y take-profit (límites de ganancia) para gestionar el riesgo de las operaciones.

3. **Identificación de Tendencias:** El análisis técnico permite identificar tendencias en los precios, como tendencias alcistas (bullish) o bajistas (bearish), lo que ayuda a los inversores a alinearse con la dirección predominante del mercado.

4. **Evaluación de Volatilidad:** Permite evaluar la volatilidad de un activo y anticipar movimientos de precios bruscos.

5. **Confirmación o Refutación de Análisis Fundamental:** A veces, se utiliza para respaldar o cuestionar hallazgos del análisis fundamental (evaluación de la salud financiera de una empresa) en la toma de decisiones de inversión.

Es importante destacar que el análisis técnico no es una ciencia exacta y no garantiza el éxito en la inversión o el trading. Los resultados se basan en suposiciones y probabilidades. Los inversores y traders suelen combinar el análisis técnico con otros enfoques, como el análisis fundamental, y toman decisiones en función de múltiples factores.

7. ¿Qué es el análisis fundamental y cómo se aplica en el trading?

El análisis fundamental es un enfoque utilizado en el trading e inversión que se centra en evaluar la salud financiera y el valor intrínseco de un activo financiero, como una acción, una moneda o una materia prima. Este análisis busca determinar si un activo está infravalorado o sobrevalorado en función de una variedad de factores fundamentales, como los estados financieros de una empresa, la economía global, eventos políticos y otros indicadores macroeconómicos.

Componentes clave del análisis fundamental:

1. **Estado Financiero de la Empresa:** Los inversores analizan los informes financieros de una empresa, como el balance, la cuenta de resultados y el flujo de efectivo, para evaluar su rentabilidad, solidez financiera y capacidad para generar ganancias.

2. **Ratios Financieros:** Se utilizan ratios como el PER (Precio/Beneficio), el Precio/Valor Contable y el Dividendo por Acción para evaluar la valoración de las acciones de una empresa en comparación con su rendimiento financiero.

3. **Eventos Económicos y Políticos:** Los analistas consideran factores macroeconómicos como tasas de interés, inflación, políticas gubernamentales y eventos geopolíticos que pueden afectar las cuentas de una empresa (coste de su endeudamiento, coste por aumento del precio de suministros como el petróleo, el gas, o cualquier otra la materia prima que use como input).

4. **Evaluación de la Competencia:** Comprender la posición comparativa de una empresa en su industria y sus ventajas competitivas es esencial para el análisis fundamental.

5. **Perspectivas de Crecimiento:** Los inversores evalúan las perspectivas de crecimiento de una empresa y su capacidad para expandirse en el mercado.

Cómo se aplica en el trading:

1. **Selección de Activos:** Los traders utilizan el análisis fundamental para identificar activos infravalorados o sobrevalorados en los que desean invertir o especular.

2.   **Valoración de Activos:** Evalúan la valoración de activos, como acciones, divisas o materias primas, utilizando indicadores y ratios financieros. Por ejemplo, si una acción parece infravalorada según sus fundamentos, un trader podría considerarla como una oportunidad de compra.

3.   **Gestión de Riesgos:** El análisis fundamental también se utiliza para evaluar el riesgo asociado con una inversión. Por ejemplo, una empresa con una situación financiera sólida podría representar un riesgo menor en comparación con una empresa con problemas financieros o de endeudamiento.

4.   **Seguimiento de Noticias y Eventos:** Los traders fundamentalistas están atentos a las noticias y eventos que pueden afectar los fundamentos de un activo, como informes de ganancias, demandas o denuncias contra las empresas, cambios en las tasas de interés o eventos geopolíticos.

8. ¿Por qué es vital la gestión de riesgos en el trading?

Los traders de éxito comprenden que el control del riesgo es incluso más importante que encontrar oportunidades rentables por los siguientes motivos:

Protección del Capital:

La gestión de riesgos se centra en proteger el capital del trader. Si un trader no gestiona adecuadamente el riesgo, podría enfrentar pérdidas significativas que afectarían su capacidad para seguir operando en los mercados. La protección del capital es fundamental para mantenerse en el juego a largo plazo.

Control de Pérdidas:

La gestión de riesgos ayuda a controlar las pérdidas. Estableciendo límites de pérdida o stops, un trader limita cuánto está dispuesto a perder en una operación. Esto evita que las pérdidas se acumulen a niveles inaceptables.

Preservación del Capital:

Una vez que el capital se pierde, es extremadamente difícil recuperarlo. La gestión de riesgos ayuda a preservar el capital existente, lo que es esencial para seguir operando y aprovechar futuras oportunidades.

Reducción de Emociones:

El trading puede ser emocionalmente intenso. Una adecuada gestión de riesgos ayuda a reducir el impacto emocional de las operaciones al proporcionar reglas claras sobre cuánto arriesgar en cada operación. Esto permite tomar decisiones basadas en una estrategia en lugar de reacciones impulsivas.

Mantenimiento de la Disciplina:

La gestión de riesgos fomenta la disciplina en el trading. Los traders que siguen un plan de gestión de riesgos tienden a ser más disciplinados en sus operaciones y menos propensos a tomar riesgos excesivos.

Adaptación a la Volatilidad:

Los mercados son inherentemente volátiles y pueden experimentar movimientos inesperados. La gestión de riesgos permite a los traders adaptarse a esta volatilidad al ajustar el tamaño de las operaciones y los niveles de riesgo en consecuencia.

Maximización de Ganancias a Largo Plazo:

Un componente importante de la gestión de riesgos es la relación riesgorecompensa. Los traders buscan oportunidades donde el riesgo es controlable y la recompensa potencial es significativa.

Evitar la Ruina Financiera:

La gestión de riesgos también se conoce como "evitar la ruina financiera". Si un trader arriesga una gran parte de su capital en una sola operación y esta resulta en una pérdida, podría ser muy difícil recuperarse.

9. ¿Qué es el Time Frame y cómo adaptarlo a distintas estrategias ?

El "time frame" (marco de tiempo) en los gráficos de trading se refiere al período de tiempo que abarca cada vela o barra en un gráfico. La elección del time frame es esencial para determinar qué estrategias son más adecuadas para un trader. Aquí tienes algunas razones por las cuales el time frame es importante:

- **Visión del Mercado:** Diferentes time frames proporcionan diferentes perspectivas del mercado. Los gráficos a corto plazo muestran movimientos intradía, mientras que los gráficos a largo plazo ofrecen una visión más amplia de las tendencias. Dependiendo de los objetivos, se pueden analizar tendencias de corto, mediano o largo plazo.
- **Estilo de Trading:** El estilo de trading determinará el time frame que debe utilizarse. Los traders intradía a menudo prefieren gráficos a corto plazo, ya que se centran en movimientos rápidos. Los traders a largo plazo pueden optar por gráficos semanales o mensuales.
- **Señales de Entrada y Salida:** La elección del time frame también afecta a las señales de entrada y salida. Un gráfico a corto plazo puede generar muchas señales, pero también puede ser más volátil. Un gráfico a largo plazo puede proporcionar señales menos frecuentes, pero potencialmente más sólidas.
- **Gestión de Riesgos:** El time frame influye en la gestión de riesgos. Un trader que opera en un gráfico de 1 minuto podría establecer stop-loss más ajustados, mientras que un inversor a largo plazo permitirá un mayor margen de fluctuación de precios.
- **Estrategias de Análisis Técnico:** Algunas estrategias de análisis técnico son más efectivas en ciertos time frames. Por ejemplo, el scalping (ver apartado 27) se realiza en gráficos muy cortos, mientras que las estrategias de seguimiento de tendencias (ver apartado 30) pueden ser más adecuadas en gráficos a medio o largo plazo.

Por lo general, para el trading intradía se usan gráficos con un time frame inferiores o iguales a 1 hora. Los gráficos de 4 horas se usan para estrategias semanales. Los gráficos diarios para estrategias trimestrales y los time frames más amplios suelen ser para estrategias semestrales o anuales.

Es posible que existan tendencias contrarias según el time frame que se esté observando. Eso significa que pueden surgir discrepancias en la dirección de la tendencia cuando se compara diferentes intervalos de tiempo en los gráficos.

Por ejemplo, la tendencia a largo plazo en un activo, como una acción, podría ser alcista, lo que significa que se espera que aumente con el tiempo. Sin embargo, en un marco de tiempo más corto, como un gráfico de 1 hora, es posible observar fluctuaciones a corto plazo que creen una tendencia bajista temporal debido a una noticia puntual o una corrección del precio. Esto se conoce como una tendencia contraria en el corto plazo en relación con la tendencia primaria alcista.

10.   ¿Qué papel desempeña la psicología en el trading?

La psicología desempeña un papel fundamental en el trading y es un aspecto crucial que a menudo determina el éxito o el fracaso de un trader. La psicología desempeña un papel crucial en el trading al influir en la toma de decisiones, el control de las emociones y la disciplina del trader. Los traders comprenden la importancia de la psicología y trabajan en el desarrollo de habilidades emocionales y mentales sólidas para enfrentar los desafíos inherentes al mundo del trading. La educación, la práctica y la autoevaluación son componentes clave para mejorar la psicología del trading.

Control Emocional:

La gestión de las emociones es uno de los desafíos más significativos en el trading. Los traders experimentan emociones como el miedo, la codicia, la euforia y la frustración. Estas emociones pueden llevar a decisiones impulsivas y a operaciones basadas en el impulso en lugar de una estrategia bien pensada. La psicología del trading se centra en controlar estas emociones para tomar decisiones racionales.

Disciplina:

La disciplina es esencial en el trading. Los traders deben seguir su plan de trading, establecer límites de pérdida y ganancia, y mantenerse fieles a su estrategia. La falta de disciplina puede llevar a tomar decisiones emocionales y a asumir riesgos excesivos.

Sesgo de Confirmación:

La psicología del trading también aborda el sesgo de confirmación, que es la tendencia a buscar información que respalde nuestras creencias preexistentes y a ignorar la información que las contradice. Esto puede llevar a los traders a tomar decisiones sesgadas en lugar de basarlas en datos objetivos.

Toma de Decisiones:

La toma de decisiones en el trading está influenciada por la psicología en cada paso del proceso, desde la selección de activos hasta la gestión de riesgos y la ejecución de operaciones. Los traders deben aprender a tomar decisiones racionales y basadas en análisis en lugar de dejar que las emociones dominen sus elecciones.

Gestión de Pérdidas:

Aceptar pérdidas es una parte inevitable del trading. La psicología juega un papel importante en cómo los traders enfrentan y gestionan estas pérdidas. Superar el miedo a perder y aprender a manejar las pérdidas de manera disciplinada es esencial.

Control de la Euforia:

La euforia es un peligro particular en el trading, ya que los traders pueden volverse excesivamente confiados después de algunas operaciones exitosas. Esto puede llevar a asumir riesgos excesivos y a pérdidas importantes. La psicología del trading ayuda a mantener la humildad y la precaución incluso en momentos de éxito.

Resiliencia y Adaptación:

Los mercados financieros son impredecibles y pueden causar pérdidas. La psicología del trading ayuda a desarrollar resiliencia para recuperarse de las pérdidas y adaptarse a las cambiantes condiciones del mercado sin desmoronarse emocionalmente.

11.   ¿Qué un plan de trading y cuál es su importancia?

Un plan de trading, en el contexto del trading financiero, es un conjunto detallado de reglas, estrategias y pautas que un trader sigue de manera consistente al operar en los mercados financieros. Es un documento crucial que guía las decisiones de un trader, proporciona estructura, disciplina y una base sólida para el éxito a largo plazo en el mundo del trading financiero.

Componentes de un Plan de Trading:

1. **Objetivos de Trading:** Un plan de trading comienza estableciendo objetivos claros y realistas. Estos objetivos pueden incluir metas de ganancias, límites de pérdidas, rendimiento esperado y horizonte temporal (a corto, medio o largo plazo).

2. **Estrategias de Trading:** El plan debe describir las estrategias específicas que el trader utilizará para identificar oportunidades en los mercados. Esto puede incluir análisis técnico, análisis fundamental o una combinación de ambos.

3. **Instrumentos Financieros:** Se especifican los activos financieros en los que el trader planea operar. Esto podría ser acciones, divisas, materias primas, bonos u otros instrumentos financieros.

4. **Reglas de Entrada y Salida:** Se detallan las reglas para entrar en una operación (cuándo comprar o vender) y las reglas para salir de una operación (cuándo cerrar la posición). Esto

puede incluir indicadores técnicos, patrones de precios o eventos económicos específicos.

5. **Gestión de Riesgos:** Se establecen las estrategias de gestión de riesgos, incluyendo los niveles de stop-loss (límites de pérdida) y take-profit (límites de ganancia). También se define el tamaño de la posición en relación con el capital de la cuenta.

6. **Horario de Trading:** Se especifica cuándo y durante cuánto tiempo el trader operará en los mercados. Esto puede ser durante las horas de operación regulares o en momentos específicos del día.

7. **Criterios de Evaluación:** El plan debe incluir criterios objetivos para evaluar el éxito de las operaciones y la estrategia en general. Estos criterios pueden ser métricas de rendimiento, como el índice de Sharpe o la relación riesgo-recompensa.

8. **Actualización y Revisión:** Se establece cómo y con qué frecuencia se revisará y actualizará el plan de trading para adaptarse a las cambiantes condiciones del mercado y a la evolución de los objetivos del trader.

Para aquellas personas que están empezando en el mundo de las inversiones es recomendable que el plan de trading se escriba, o imprima, para tenerlo a la vista en el lugar de trabajo en todo momento y no sentir la tentación de saltarse ninguna de las reglas cuando se está operando.

Importancia del Plan de Trading:

Un plan de trading es esencial por varias razones:

- Proporciona disciplina y estructura al trading, ayudando al trader a evitar decisiones impulsivas basadas en emociones.
- Ayuda a controlar el riesgo al establecer límites claros de pérdida y gestión de riesgos.

- Facilita la evaluación y el aprendizaje, permitiendo que el trader identifique lo que funciona y lo que no.
- Establece objetivos y expectativas realistas, lo que ayuda a mantener una visión a largo plazo y evita expectativas poco realistas de enriquecimiento rápido.
- Permite adaptarse a las cambiantes condiciones del mercado y ajustar la estrategia según sea necesario.

12. ¿Qué es el apalancamiento y cuáles son sus riesgos?

Es una herramienta poderosa, pero también conlleva riesgos significativos. Los traders deben usarlo con cuidado, comprender sus implicaciones y siempre gestionar el riesgo de manera adecuada.

¿Qué es el apalancamiento?

El apalancamiento es una estrategia que permite a los traders e inversores controlar una posición más grande de la que podrían con su propio capital. En esencia, es como pedir prestado dinero para invertir y multiplicar el impacto de cualquier movimiento en el precio de un activo. El apalancamiento se suele expresar como una proporción, como 10:1, 50:1, 100:1, etc., y representa la relación entre el capital propio y el capital prestado utilizado en una operación.

Ejemplo de apalancamiento:

Supongamos que tienes $1,000 en tu cuenta de trading y decides utilizar un apalancamiento de 10:1. Esto significa que puedes controlar una posición de hasta $10,000 en el mercado, ya que estás utilizando $1,000 de tu propio capital y $9,000 prestados por el bróker.

Si el precio del activo se mueve un 1% a tu favor, ganarías un beneficio del 10% sobre tu capital propio ($100). Sin embargo, si el precio se mueve en contra de ti en un 1%, también perderías un 10% de tu capital propio ($100). El apalancamiento amplifica tanto las ganancias como las pérdidas.

Riesgos del apalancamiento:

Pérdidas Amplificadas: El mayor riesgo del apalancamiento es que amplifica las pérdidas. Si el mercado se mueve en contra de la posición del trader, las pérdidas pueden superar rápidamente el capital inicial invertido.

Margin Call: Cuando las pérdidas son grandes y superan el capital propio más el margen requerido, el bróker puede emitir una "margin call" (llamada de margen) que obliga al trader a depositar más dinero en la cuenta para cubrir las pérdidas o cerrar la posición.

Capital Agotado: Si las pérdidas son extremadamente grandes y el trader no puede cubrirlas, podría perder todo su capital y acumular deudas.

Presión Emocional: Las grandes pérdidas pueden ejercer una presión emocional significativa en los traders, lo que puede llevar a decisiones impulsivas y más pérdidas.

Limitación de Flexibilidad: El apalancamiento a menudo impone restricciones en la flexibilidad de un trader, ya que se compromete una parte significativa de su capital en una sola operación.

Costos Financieros: A menudo, el uso del apalancamiento conlleva costos financieros adicionales, como intereses sobre el capital prestado.

Consejos para gestionar el apalancamiento:

Utilizarlo con precaución: Es importante comprender completamente cómo funciona el apalancamiento antes de usarlo y utilizarlo con moderación.

Establecer stops: Colocar órdenes de stop-loss es esencial para limitar las pérdidas en caso de que el mercado se mueva en contra de la posición.

Diversificar: Evitar poner todo el capital en una sola operación y diversificar en diferentes activos o estrategias.

Conocer los requisitos del bróker: Cada bróker tiene sus propios requisitos de margen y reglas de apalancamiento. Es importante entenderlos antes de operar.

13. ¿Cómo calcular el margen en operaciones apalancadas de trading?

Veamos cómo realizar el cálculo de manera detallada del margen requerido para respaldar la posición de una operación de trading con un apalancamiento de 1:30.

Conocer el Valor Nominal de la Posición:

Para calcular el margen, primero debes conocer el valor nominal de la posición que deseas abrir. Esto depende del activo en el que estás operando y del tamaño de la posición que deseas tomar. Por ejemplo, si estás operando en el mercado de divisas (Forex) y quieres comprar 10,000 euros en el par EUR/USD, el valor nominal de la posición es de 10,000 euros.

Determinar el Tamaño de la Posición:

El tamaño de la posición se refiere a cuántas unidades del activo subyacente deseas comprar o vender. En el caso del Forex, se mide en lotes estándar. Un lote estándar representa 100,000 unidades de la divisa base.
Si deseas comprar 10,000 euros, esto equivale a 0.1 lotes estándar.

Calcular el Margen Requerido:

El margen requerido es el porcentaje del valor nominal de la posición que el bróker exige como garantía para mantener la posición abierta. En una operación con apalancamiento 1:30, el margen requerido es del 3.33% (1 dividido por 30).

Para calcular el margen requerido, multiplicas el valor nominal de la posición por el porcentaje de margen requerido:

Margen Requerido = Valor Nominal de la Posición x Porcentaje de Margen Requerido

Siguiendo el ejemplo anterior, si el valor nominal de la posición es de 10,000 euros y el porcentaje de margen requerido es del 3.33%, el cálculo del margen sería:

Margen Requerido = 10,000 euros x 0.0333 = 333 euros

El margen requerido para esta operación sería de 333 euros.

Verificar el Capital Disponible:

Antes de abrir la posición, debes verificar que tienes al menos el margen requerido, en este caso, 333 euros, disponible en tu cuenta de trading. Este margen actúa como garantía para respaldar la posición.

Es importante recordar que el margen requerido es el capital mínimo que debes tener disponible en tu cuenta para mantener la posición abierta. Si las pérdidas hacen que la cuenta tenga menos dinero del margen requerido, el bróker podría emitir una llamada de margen (margin call) y cerrar la posición automáticamente para proteger el capital restante en la cuenta.

14. ¿Qué son las órdenes de mercado y órdenes limitadas?

Las órdenes de mercado y las órdenes limitadas son dos tipos fundamentales de órdenes utilizadas en el trading y las inversiones para comprar o vender activos financieros en los mercados. Los traders utilizan estas órdenes según sus objetivos y estrategias de trading.

Órdenes de Mercado (Market Orders):

Las órdenes de mercado son órdenes para comprar o vender un activo financiero al precio actual del mercado. Estas órdenes se ejecutan de inmediato al mejor precio disponible en el mercado en el momento en que se ingresan. No especifican un precio específico de entrada y se ejecutan al precio de mercado actual.

- **Orden de Compra de Mercado:** Cuando un trader emite una orden de compra de mercado, está indicando que desea comprar el activo al precio de mercado actual. La orden se ejecutará al mejor precio de venta disponible en ese momento.

- **Orden de Venta de Mercado:** Cuando un trader emite una orden de venta de mercado, está indicando que desea vender el activo al precio de mercado actual. La orden se ejecutará al mejor precio de compra disponible en ese momento.

Las órdenes de mercado son rápidas y garantizan la ejecución de la operación, pero no garantizan un precio específico. El precio al que se ejecutan puede variar ligeramente debido a la volatilidad del mercado y la liquidez.

Órdenes Limitadas (Limit Orders):

Las órdenes limitadas son órdenes para comprar o vender un activo financiero a un precio específico o mejor. Estas órdenes no se ejecutan de inmediato y solo se completan cuando el mercado alcanza el precio especificado por el trader. Hay dos tipos de órdenes limitadas:

- **Orden de Compra Limitada:** El trader establece un precio máximo al que está dispuesto a comprar el activo. La orden se ejecutará solo si el precio alcanza o es mejor que el precio especificado.
- **Orden de Venta Limitada:** El trader establece un precio mínimo al que está dispuesto a vender el activo. La orden se ejecutará solo si el precio alcanza o es mejor que el precio especificado.

Las órdenes limitadas permiten a los traders tener un control más preciso sobre el precio al que desean comprar o vender un activo. Sin embargo, no garantizan la ejecución si el mercado no alcanza el precio especificado.

Ejemplo:

Supongamos que el precio actual de una acción es de $50, y un trader coloca una orden de compra limitada a $48. La orden solo se ejecutará si el precio de la acción cae a $48 o menos. Si el precio nunca llega a $48, la orden no se completará.

Hay que tener especial cuidado cuando estas ordenes limitadas se utilizan como stop-loss, ya que en momentos de poca liquidez, o mucha volatilidad, los spreads (diferencia entre precios de compra y venta) son muy amplios y el bróker puede ejecutar dichos stop loss a precios ficticios, provocando perdidas a los traders aun no habiendo llegado nunca el precio real al nivel de los stops establecidos. El spread se analiza en el punto 17.

Ejemplo:

Supongamos que un trader que hace scalping realiza una venta del par EURUSD en 1.0550 y el mercado comienza a caer. Ahora la cotización es de 1.0545 y el trader colocar un stoploss en 1.0552 para proteger la operación y dejar correr la ganancia en caso de que el mercado siga cayendo. Sin embargo, en ese momento el spread aumenta 8 pips quedando el precio de compra o Bid (el más barato) en 1.0545 pero el precio de venta o Ask (el más caro) sube a 1.0553. Posteriormente el spread se estabiliza y la cotización cae a 1.0510. El resultado de la operación es negativo a pesar de ser totalmente acertada ya que saltaría el stop-loss por lo que el trader perdería 3 pips en esa operación cuando realmente el precio cayó 40 pips. Sería una pérdida provocada por el aumento del spread aunque el precio real nunca llegó a subir 8 pips para cotizar a 1.0553.

15.   ¿Cómo se determina el tamaño de posición adecuado?

Ajustar el tamaño de posición de manera adecuada te ayuda a proteger tu capital y a mantener una gestión de riesgos sólida en tus operaciones.

Establecer un Límite de Riesgo:

El primer paso para determinar el tamaño de posición adecuado es establecer un límite de riesgo en cada operación. Este límite representa la cantidad máxima de capital que estás dispuesto a perder en una operación. Un límite de riesgo común es del 1% al 2% de tu capital total en una sola operación.

Calcular la Pérdida Potencial:

Una vez que tengas un límite de riesgo en mente, debes calcular la pérdida potencial en la operación. Esto implica determinar la diferencia entre el precio de entrada (tu punto de entrada) y el precio de stop-loss (el punto en el que cerrarás la operación si el mercado se mueve en contra de ti). La fórmula es:

Pérdida Potencial = (Precio de Entrada - Precio de Stop-Loss) x Tamaño de la Posición

Ajustar el Tamaño de Posición:

Con la pérdida potencial calculada, puedes ajustar el tamaño de posición para asegurarte de que esté dentro de tu límite de riesgo. La fórmula para calcular el tamaño de posición es:

Tamaño de Posición = Límite de Riesgo / Pérdida Potencial

Por ejemplo, si tu límite de riesgo es del 1% de tu capital total ($1,000) y la pérdida potencial calculada en la operación es de $100, entonces el tamaño de posición adecuado sería:

Tamaño de Posición = $1,000 / $100 = 10 unidades del activo

Adaptar el Tamaño de Posición a tu Stop-Loss:

Es importante adaptar el tamaño de posición al valor nominal del activo y a tu estrategia de stop-loss. Si estás operando en el mercado de acciones y el precio de una acción es de $50, entonces el tamaño de posición adecuado sería de 10 acciones ($500 de inversión en total).

Si el precio de una acción es de $100, el tamaño de posición adecuado sería de 5 acciones para mantener el mismo riesgo de $100.

Revisar y Ajustar Constantemente:

El tamaño de posición adecuado puede cambiar con el tiempo debido a cambios en la volatilidad del mercado o en tu capital. Por lo tanto, es importante revisar y ajustar regularmente tu tamaño de posición para asegurarte de que siga siendo apropiado según tu estrategia y tu perfil de riesgo.

Las órdenes de stop-loss y take-profit son herramientas esenciales en el trading, ayudan a controlar el riesgo y asegurar ganancias, y son fundamentales para una gestión efectiva de las operaciones en los mercados financieros.

Orden de Stop-Loss:

Definición: Una orden de stop-loss (o simplemente "stop-loss") es una instrucción que un trader coloca en una operación abierta para limitar las pérdidas. Esta orden se activa automáticamente cuando el precio del activo alcanza un nivel predefinido, conocido como "precio de stop-loss". Una vez que se activa, la orden de stop-loss convierte la posición abierta en una orden de venta (si estás en largo) o en una orden de compra para cerrar la posición (si estás en corto).

Función: La función principal del stop-loss es proteger al trader de pérdidas excesivas. Si el precio del activo se mueve en contra de la posición del trader y alcanza el precio de stop-loss, la operación se cierra automáticamente, limitando así las pérdidas a un nivel predefinido.

Ejemplo: Supongamos que compras una acción a $50 y colocas un stop-loss a $45. Si el precio cae y alcanza los $45, tu posición se cerrará automáticamente para limitar tus pérdidas a $5 por acción.

Orden de Take-Profit:

Definición: Una orden de take-profit (o simplemente "take-profit") es una instrucción que un trader coloca en una operación abierta para asegurar las ganancias. Esta orden se activa automáticamente cuando el precio del activo alcanza un nivel predefinido, conocido como "precio de take-profit". Una vez activada, la orden de takeprofit convierte la posición abierta en una orden de venta (si estás en largo) o en una orden de compra para cerrar la posición (si estás en corto).

Función: La función principal del take-profit es asegurar las ganancias. Cuando el precio alcanza el nivel de take-profit, la operación se cierra automáticamente, garantizando que las ganancias se capturen antes de que el mercado pueda revertirse.

Ejemplo: Supongamos que compras una divisa a 1,2000 y colocas un take-profit a 1,2200. Cuando el precio sube y alcanza 1,2200, tu posición se cierra automáticamente, asegurando una ganancia de 200 pips.

Importancia de las Órdenes Stop-Loss y Take-Profit:

Estas órdenes ayudan a los traders a gestionar el riesgo y las emociones en el trading al establecer niveles predefinidos para cerrar operaciones.

Permiten a los traders planificar su gestión de riesgos y recompensas antes de ingresar a una operación.

Evitan que los traders se queden atrapados en operaciones perdedoras o pierdan la oportunidad de asegurar ganancias cuando el mercado se mueve a su favor.

Contribuyen a una gestión de capital disciplinada y a tomar decisiones informadas en el trading.

17. ¿Qué es el spread y cómo afecta al trading?

Definición del Spread:

• **Precio de Compra (Bid):** Es el precio al que los compradores están dispuestos a adquirir un activo financiero en un momento dado. Es el precio más bajo al que puedes vender un activo.

- **Precio de Venta (Ask):** Es el precio al que los vendedores están dispuestos a vender el mismo activo en ese momento. Es el precio más alto al que puedes comprar un activo.
- **Spread:** Es la diferencia entre el precio de compra (bid) y el precio de venta (ask). Se calcula como "Ask - Bid". El spread representa la ganancia del bróker y la liquidez del mercado.

Importancia del Spread en el Trading:

El spread tiene varias implicaciones importantes en el trading:

- **Costo de Transacción:** El spread es un costo que incurre un trader cada vez que abre una posición. Cuando compras un activo, lo haces al precio de venta (ask), y cuando lo vendes, lo haces al precio de compra (bid). La diferencia entre estos precios es el costo de la transacción.
- **Liquidez:** Los activos con alta liquidez tienden a tener spreads más estrechos, mientras que los activos con baja liquidez pueden tener spreads más amplios. Los traders prefieren activos con spreads estrechos porque pueden entrar y salir de posiciones con costos más bajos.
- **Impacto en las Ganancias:** El spread afecta directamente a las ganancias y pérdidas de una operación. Cuando abres una posición, ya estás en desventaja debido al spread. Para obtener ganancias, el precio debe moverse lo suficiente para cubrir el costo del spread y generar ganancias adicionales.

Ejemplo de cómo afecta al Trading:

Supongamos que deseas comprar acciones de una empresa y el precio de compra (bid) es de $50, mientras que el precio de venta (ask) es de $51. El spread en este caso sería de $1 ($51 - $50).

- Si compras las acciones al precio de venta ($51) y las vendes inmediatamente, incurrirás en una pérdida de $1 debido al spread.
- Para obtener ganancias, el precio de las acciones debe subir al menos $1 por encima del precio de compra ($50 + $1) para cubrir el costo del spread y comenzar a obtener ganancias.

El spread es una parte fundamental del trading y afecta directamente a los costos de transacción y las ganancias potenciales. Los traders deben ser conscientes del spread al abrir y cerrar posiciones y buscar activos con spreads estrechos cuando sea posible, especialmente en estrategias de trading a corto plazo donde los costos de transacción pueden tener un impacto significativo en los resultados.

18. ¿Cuál es la diferencia entre trading a largo y corto (compra y venta)?

La diferencia fundamental entre el trading a largo (plazo) de compra y el trading a corto (plazo) de venta radica en la dirección en la que el trader está operando y en el período durante el cual mantiene una posición en un activo financiero. Ambos enfoques tienen sus propias ventajas y desventajas, y la elección depende de la estrategia y el perfil de riesgo del trader.

Trading "a Largo" (Plazo) de Compra:

1. **Dirección:** En el trading "a largo", los traders buscan beneficiarse de movimientos ascendentes en el precio de un activo. Compran el activo con la expectativa de que su valor aumentará con el tiempo.

2. **Período de Tenencia:** Los traders "a largo" mantienen sus posiciones durante un período prolongado que puede ser de semanas, meses, o incluso años. El objetivo es capturar tendencias a largo plazo y aprovechar el crecimiento sostenido en el valor del activo.

3. **Análisis:** Los traders "a largo" suelen basarse en análisis fundamental, que implica evaluar los fundamentos subyacentes del activo, como ingresos, ganancias, y factores macroeconómicos. También pueden utilizar el análisis técnico para identificar puntos de entrada y salida.

4. **Riesgo y Volatilidad:** El riesgo a corto plazo de las fluctuaciones del mercado es menor en el "trading a largo",

ya que los traders están dispuestos a soportar la volatilidad a corto plazo en busca de ganancias a largo plazo.

5. **Costos:** Los costos de transacción, como el spread y las comisiones, pueden tener un impacto menor en el trading "a largo" debido al horizonte de inversión más amplio.

Trading "a Corto" (Plazo) de Venta:

1. **Dirección:** En el trading "a corto", los traders buscan beneficiarse de movimientos descendentes en el precio de un activo. Venden el activo con la expectativa de que su valor disminuirá en el corto plazo.

2. **Período de Tenencia:** Los traders "a corto" mantienen sus posiciones durante un período breve, que puede variar desde segundos (scalping) hasta días o semanas. El objetivo es capturar movimientos de precios rápidos y aprovechar la volatilidad a corto plazo.

3. **Análisis:** Los traders a corto plazo suelen basarse en el análisis técnico, que se centra en patrones de precios y señales técnicas para tomar decisiones de trading. También pueden prestar atención a eventos y noticias que puedan afectar al mercado en el corto plazo.

4. **Riesgo y Volatilidad:** El trading a corto plazo conlleva un riesgo significativamente mayor debido a la volatilidad a corto plazo. Los traders deben ser rápidos en tomar decisiones y establecer stop-loss para limitar las pérdidas.

5. **Costos:** Los costos de transacción pueden tener un impacto más significativo en el trading "a corto" debido a la frecuencia de las operaciones. Los traders a corto plazo deben prestar atención al spread y las comisiones.

19. ¿Qué es el análisis de riesgos y cómo se realiza?

El análisis de riesgos es un proceso fundamental en el trading y la inversión que tiene como objetivo identificar, evaluar y gestionar los riesgos asociados a las decisiones financieras. Al realizar un análisis de riesgos de manera efectiva, los individuos y las organizaciones pueden tomar decisiones financieras más sólidas y proteger sus activos y objetivos financieros.

¿Qué es el Análisis de Riesgos?

El análisis de riesgos es un enfoque sistemático para evaluar las posibles pérdidas o consecuencias negativas que pueden surgir al tomar una decisión financiera. Estas decisiones pueden incluir inversiones, operaciones comerciales o estrategias de trading. El análisis de riesgos busca:

- Identificar los riesgos potenciales: Identificar los eventos o factores que pueden afectar negativamente los objetivos financieros.
- Evaluar la probabilidad de que ocurran estos riesgos: Determinar cuán probable es que ocurran los eventos adversos.
- Evaluar el impacto de los riesgos: Medir las posibles pérdidas en términos de dinero, tiempo o recursos.
- Desarrollar estrategias de gestión de riesgos: Crear planes y medidas para mitigar, transferir o aceptar los riesgos identificados.

Cómo se Realiza el Análisis de Riesgos:

El análisis de riesgos implica varios pasos clave:

1. **Identificación de Riesgos:** Este paso implica la identificación de todos los riesgos potenciales relacionados con una decisión financiera. Esto puede incluir riesgos financieros, operativos, estratégicos, regulatorios y más. Las técnicas como el análisis DAFO (Fortalezas, Oportunidades,

Debilidades, Amenazas) y el análisis de escenarios pueden ser útiles en esta etapa.

2. **Evaluación de Riesgos:** Una vez que se han identificado los riesgos, es importante evaluar su probabilidad y su impacto potencial. Esto puede hacerse utilizando análisis estadísticos, datos históricos y expertos en la materia. La probabilidad se mide en términos de baja, media o alta, mientras que el impacto se mide en términos de leves, moderados o severos.

3. **Priorización de Riesgos:** No todos los riesgos son igualmente importantes. Los riesgos se priorizan en función de su probabilidad y su impacto. Los riesgos de alta probabilidad e impacto suelen recibir una atención especial.

4. **Desarrollo de Estrategias de Gestión de Riesgos:** Una vez que se han identificado y evaluado los riesgos, es necesario desarrollar estrategias para manejarlos. Estas estrategias pueden incluir:
   - **Mitigación de Riesgos:** Tomar medidas para reducir la probabilidad o el impacto de los riesgos. Por ejemplo, diversificar una cartera de inversiones para reducir el riesgo específico de una empresa.
   - **Transferencia de Riesgos:** Comprar seguros o utilizar derivados financieros para transferir el riesgo a otra entidad.
   - **Aceptación de Riesgos:** En algunos casos, es posible que se decida aceptar ciertos riesgos si su impacto es manejable y no se pueden tomar medidas para mitigarlos de manera efectiva.
   - **Cobertura de Riesgos:** En caso necesario, invertir en activos distintos al adquirido inicialmente y que estén inversamente correlacionados, o bien, tomar una posición en sentido contrario en el mismo activo inicial.

5. **Implementación de Estrategias de Gestión de Riesgos:** Una vez que se han desarrollado las estrategias, se ponen en práctica. Esto puede incluir la compra de seguros, la

diversificación de inversiones o la implementación de sistemas de control interno en una empresa.

6. **Monitoreo y Reevaluación:** El análisis de riesgos es un proceso continuo. Los riesgos deben ser monitoreados regularmente, y las estrategias de gestión de riesgos deben ser reevaluadas y ajustadas según sea necesario para reflejar cambios en el entorno o en los objetivos financieros.

20. ¿Qué es un bróker y cómo se elige uno confiable?

¿Qué es un Bróker?

Un bróker es una entidad o empresa que actúa como intermediario entre los inversores y los mercados financieros. Su función principal es ejecutar las órdenes de compra y venta de activos financieros en nombre de sus clientes, ya sea a través de plataformas en línea o de forma más tradicional por teléfono. Los brókeres pueden ofrecer acceso a una amplia variedad de activos, incluyendo acciones, divisas, materias primas, bonos y más.

Cómo Elegir un Bróker Confiable:

Elegir un bróker confiable es esencial para el éxito en el trading e inversión. Aquí hay algunos pasos clave que puedes seguir para seleccionar un bróker confiable:

1. **Regulación y Licencia:**

Verifica si el bróker está regulado por una autoridad financiera reconocida en su país de origen. La regulación proporciona una capa de protección para los inversores, ya que implica que el bróker debe cumplir con ciertos estándares y regulaciones financieras. Además, algunas de estas regulaciones aseguran la devolución del capital del inversor, hasta un límite, en caso de quiebra de la compañía. Investiga la autoridad reguladora específica y verifica si el bróker tiene una licencia válida.

2. **Reputación y Antecedentes:**

Investiga la reputación y el historial del bróker. Lee reseñas de otros traders e inversores, busca información en línea y consulta fuentes confiables.

Asegúrate de que el bróker tenga una buena reputación y un historial sólido de servicio al cliente.

3.   Comisiones y Costos*:*

Comprende la estructura de comisiones y costos del bróker. Esto incluye comisiones de transacción, spreads (diferencia entre el precio de compra y venta), tarifas de mantenimiento de cuentas, y cualquier otro cargo. Compara los costos entre diferentes brókeres para asegurarte de obtener tarifas competitivas.

4.   Plataforma de Trading:

Evalúa la plataforma de trading que ofrece el bróker. La plataforma es la herramienta que utilizarás para realizar operaciones. Debe ser fácil de usar, confiable y ofrecer las características y herramientas que necesitas para tu estilo de trading.

5.   Gama de Activos:

Verifica qué activos financieros ofrece el bróker. Asegúrate de que tenga acceso a los mercados y activos en los que deseas operar. Algunos brókeres se especializan en ciertos tipos de activos, como acciones, divisas o criptomonedas.

6.   Servicio al Cliente:

Prueba el servicio al cliente del bróker. Contacta al equipo de soporte para hacer preguntas y evalúa la calidad de su atención al cliente. Un buen servicio al cliente es esencial para resolver problemas y dudas de manera eficiente.

7.   Seguridad y Protección de Datos:

Asegúrate de que el bróker tenga medidas sólidas de seguridad y protección de datos. Tus datos personales y financieros deben estar seguros.

8.   Educación y Recursos:

Algunos brókeres ofrecen recursos educativos, como seminarios web, cursos y análisis de mercado. Estos recursos pueden ser valiosos, especialmente para traders principiantes.

9. Tamaño y Liquidez del Bróker:

El tamaño y la liquidez del bróker pueden ser indicativos de su estabilidad financiera. Un bróker más grande suele tener más recursos y puede ofrecer una mayor liquidez en los mercados.

10. Prueba la Cuenta Demo:

Antes de comprometerte con un bróker, considera abrir una cuenta demo. Esto te permite probar la plataforma y las condiciones de trading del bróker sin arriesgar dinero real.

21. ¿Qué es la volatilidad y su importancia en los mercados financieros?

La volatilidad en los mercados financieros es una medida de la variabilidad de los precios de los activos financieros, como acciones, bonos, divisas, materias primas y criptomonedas, en un período de tiempo específico. Representa la amplitud de los cambios de precios en un activo en relación con su valor promedio. La volatilidad puede ser alta o baja, dependiendo de la magnitud de los movimientos de precios observados.

Algunos aspectos importantes sobre la volatilidad en los mercados financieros son:

1. **Causas de la Volatilidad**: La volatilidad puede ser causada por una serie de factores, como eventos económicos, políticos o geopolíticos, noticias corporativas, cambios en las tasas de interés, fluctuaciones en la oferta y la demanda, y eventos imprevistos como desastres naturales. Cualquier evento que afecte la percepción de riesgo o el valor futuro de un activo puede aumentar la volatilidad.

2. **Medición de la Volatilidad**: La volatilidad se mide típicamente utilizando indicadores como la desviación estándar o el índice de volatilidad (VIX). La desviación estándar calcula la dispersión de los precios en relación con un valor promedio, mientras que el VIX, también

denominado índice del miedo, refleja las expectativas del mercado sobre la volatilidad futura.

3. **Impacto en la Toma de Decisiones**: La volatilidad puede influir en las decisiones de inversión y trading. Los inversores pueden buscar activos menos volátiles como refugio durante períodos de alta volatilidad, mientras que los traders pueden aprovechar las oportunidades de corto plazo que ofrece la volatilidad.

4. **Gestión de Riesgos**: La volatilidad es un factor crítico en la gestión de riesgos. Los inversores suelen utilizar órdenes de stop-loss para limitar las pérdidas durante movimientos bruscos de precios. También pueden diversificar sus carteras para reducir el impacto de la volatilidad en sus inversiones.

5. **Oportunidades y Riesgos**: Si bien la volatilidad puede presentar oportunidades de ganancias significativas en el trading, también conlleva riesgos considerables. Los movimientos de precios pueden ser difíciles de predecir, y una alta volatilidad puede llevar a pérdidas sustanciales si no se gestionan adecuadamente.

6. **Vinculación con la Psicología del Mercado**: La volatilidad a menudo está relacionada con la psicología del mercado. Los inversores y traders pueden reaccionar emocionalmente a los cambios de precios, lo que puede aumentar la volatilidad en sí misma. La psicología del mercado, como el miedo y la codicia, puede amplificar las oscilaciones de precios.

II. Estrategias y Técnicas Básicas de Trading.

22. ¿Qué es el day trading, el Swing Trading y estrategias clave?

El day trading es una estrategia de trading en la que un operador compra y vende activos financieros en el mismo día, cerrando todas sus posiciones antes del cierre del mercado. El objetivo principal del day trading es aprovechar las fluctuaciones de precio a corto plazo para obtener ganancias rápidas.

Características del Day Trading:

- **Horizonte de Tiempo Corto:** Los day traders no mantienen posiciones durante la noche; todas las operaciones se cierran antes del cierre del mercado.

- **Operaciones Frecuentes:** Los day traders realizan múltiples operaciones en un solo día, aprovechando pequeños movimientos de precios.

- **Análisis Técnico:** El análisis técnico es una herramienta clave en el day trading. Los traders utilizan gráficos y patrones de precios para tomar decisiones.

- **Volatilidad:** El day trading se beneficia de la volatilidad intradía, ya que las fluctuaciones de precios proporcionan oportunidades para entrar y salir del mercado.

Estrategias Clave en el Day Trading:

- **Escalping:** Los scalpers buscan ganancias muy pequeñas al realizar muchas operaciones en un corto período de tiempo. Sus operaciones pueden durar segundos o minutos. Se centran en aprovechar la volatilidad intradía y buscan ganar pequeñas cantidades de dinero en cada operación.

- **Intradía de Alta Frecuencia:** Estos traders realizan un gran número de operaciones en un día y a menudo utilizan algoritmos y sistemas de trading automatizados para identificar oportunidades. Buscan ganancias muy pequeñas por operación, pero acumulan ganancias a lo largo del día.

- **Swing Trading Intradía:** Los swing traders intradía buscan aprovechar los movimientos de precios que se desarrollan durante el día. Mantienen sus posiciones abiertas durante horas y pueden capturar movimientos más grandes en comparación con el scalping.

- **Operaciones de Patrones de Gráficos:** Los day traders a menudo buscan patrones técnicos en los gráficos, como cabeza y hombros, banderas, triángulos, etc. Estos patrones pueden indicar posibles movimientos de precios y oportunidades de entrada y salida.

- **Operaciones de Breakout:** Los traders de breakout buscan acciones u otros activos que están a punto de romper niveles de soporte o resistencia significativos. Cuando se produce una ruptura, ingresan en la dirección de la ruptura en busca de un rápido impulso de precio.

- **Operaciones de Momentum:** Los traders de momentum buscan activos que estén experimentando un fuerte impulso alcista o bajista. Intentan unirse a la tendencia actual y aprovechar el movimiento continuo del precio.

- **Operaciones de Reversión a la Media:** Esta estrategia se basa en la idea de que los precios tienden a revertir hacia un promedio a lo largo del tiempo. Los day traders buscan activos que se hayan movido significativamente en una dirección y anticipan un retroceso hacia la media, posicionándose contra la tendencia principal.

Es importante destacar que el day trading requiere un alto nivel de disciplina, concentración y habilidades técnicas. También conlleva un mayor riesgo debido a la velocidad de las operaciones y la necesidad de tomar decisiones rápidas. Los day traders deben ser conscientes de los costos de transacción, como el spread y las comisiones, que pueden afectar significativamente las ganancias a corto plazo. Además, la gestión de riesgos es esencial para proteger el capital en este estilo de trading.

Qué es el swing trading.

El swing trading es una estrategia de trading en sí misma que se enfoca en aprovechar las oscilaciones o "swings" de precio que ocurren en el mercado en un período de tiempo más amplio que el day trading. En lugar de buscar ganancias rápidas en cuestión de minutos u horas, los swing traders mantienen sus posiciones durante varios días, semanas o incluso meses.

El objetivo del swing trading es capturar movimientos de precio más significativos en un mercado, ya sea al alza o a la baja. Los swing traders utilizan análisis técnico y análisis fundamental para identificar activos que tienen el potencial de experimentar movimientos de precios notables en un futuro cercano.

Las posiciones en swing trading se mantienen durante el tiempo suficiente para permitir que se desarrollen tendencias o patrones técnicos, pero no tanto como para mantenerlas durante largos períodos. Los swing traders también establecen niveles de stop-loss y take-profit para gestionar el riesgo y las ganancias.

Esta estrategia es popular entre aquellos que no pueden dedicar tiempo completo al trading, ya que requiere un seguimiento menos constante que el day trading, pero aún así ofrece oportunidades de beneficio en los mercados financieros. Como en cualquier forma de trading, el riesgo es inherente, y los swing traders deben ser disciplinados y seguir una estrategia sólida para tener éxito.

23. ¿Cuáles son los indicadores técnicos más utilizados?

Los indicadores técnicos son herramientas esenciales en el análisis técnico y ayudan a los traders e inversores a tomar decisiones sobre el comportamiento futuro de los precios de los activos financieros. Los traders suelen combinar varios indicadores para obtener una imagen más completa. Es importante recordar que ningún indicador es infalible, y siempre se debe utilizar con otros análisis y estrategias para tomar decisiones de trading sólidas. Existen innumerables indicadores técnicos, pero estos son algunos de los más utilizados en el análisis de precios. Nos centraremos en enumerar los más famosos con una breve explicación:

1. **Media Móvil (Moving Average):**

- **Media Móvil Simple (SMA):** Calcula el promedio de los precios de cierre durante un período de tiempo determinado. Ayuda a suavizar la acción del precio y a identificar tendencias.
- **Media Móvil Exponencial (EMA):** Similar a la SMA, pero da más peso a los precios recientes, lo que la hace más sensible a los cambios recientes en el precio.

2. **Índice de Fuerza Relativa (RSI - Relative Strength Index):**

- El RSI mide la velocidad y el cambio de los movimientos de precios. Oscila entre 0 y 100 y se utiliza para identificar condiciones de sobrecompra (por encima de 70) y sobreventa (por debajo de 30). Proporciona señales de posible reversión de tendencia.

3. **MACD (Moving Average Convergence Divergence):**

- El MACD muestra la diferencia entre dos medias móviles exponenciales (generalmente una corta y una larga). También incluye una línea de señal que es una EMA del MACD. Se utiliza para identificar cambios en la dirección de la tendencia.

4. **Bandas de Bollinger (Bollinger Bands):**

- Las Bandas de Bollinger consisten en una banda central (SMA) y dos bandas exteriores que se calculan en función de la volatilidad del precio. Ayudan a identificar condiciones de sobrecompra y sobreventa, así como la volatilidad del mercado.

5. **Estocástico (Stochastic Oscillator):**

- El estocástico compara el precio de cierre actual con un rango de precios durante un período de tiempo. Genera señales basadas en condiciones de sobrecompra y sobreventa, y ayuda a identificar posibles puntos de giro en la tendencia.

6. **Ichimoku Cloud:**

- El Ichimoku Cloud es un indicador completo que proporciona información sobre la tendencia, niveles de soporte y resistencia, así como señales de entrada y salida. Incluye componentes como la nube (Kumo), la línea de conversión (Tenkan-sen) y la línea de base (Kijun-sen).

7. **ADX (Average Directional Index):**

- El ADX mide la fuerza de la tendencia sin tener en cuenta su dirección. Se utiliza para determinar la fuerza de la tendencia actual y si es probable que continúe.

8. **CCI (Commodity Channel Index):**

- El CCI mide la variación del precio de un activo en relación con su promedio estadístico. Se utiliza para identificar condiciones de sobrecompra y sobreventa, así como cambios en la tendencia.

9. **Velas Heiken Ashi:**

- Es un tipo especial de gráfico de velas utilizado en el análisis técnico que suaviza los movimientos de precios y ayuda a identificar tendencias y patrones de manera más clara. En estos gráficos, las velas son menos volátiles y pueden cambiar de color para señalar cambios de tendencia. Heiken Ashi elimina el ruido del mercado y no se basa en marcos de tiempo fijos, lo que lo hace útil para identificar tendencias puramente en función de los precios.

10. **Volumen (Volume):**

- El volumen es un indicador básico que muestra la cantidad de activos negociados durante un período de tiempo. Puede ayudar a confirmar tendencias y señales técnicas, ya que una mayor actividad de volumen a menudo respalda los movimientos de precios.

Las plataformas de trading suelen ofrecer estos indicadores de manera gratuita por lo que, tras esta breve descripción, sería interesante instalarlos en los gráficos de cotizaciones y analizar su evolución, e interpretación, y decidir cuál se adapta mejor a cada estilo de operativa.

24.   ¿Qué son las velas japonesas y cómo se interpretan?

¿Qué Son las Velas Japonesas?

Las velas japonesas, también conocidas como "candlesticks" en inglés, son una herramienta gráfica ampliamente utilizada en el análisis técnico para representar y analizar la acción del precio en los mercados financieros. Estas velas proporcionan información valiosa sobre la psicología de los inversores y pueden ayudar a prever movimientos futuros de precios. Las velas japonesas son representaciones gráficas de la acción del precio en un período de tiempo específico, como minutos, horas, días, semanas o meses. Cada vela consta de tres elementos principales:

1. **Cuerpo de la Vela:** El cuerpo de la vela muestra la diferencia entre el precio de apertura y el precio de cierre durante el período de tiempo específico. Si el precio de cierre es más alto que el precio de apertura, la vela se llama "vela alcista" y generalmente se muestra como un cuerpo blanco o verde. Si el precio de cierre es más bajo que el precio de apertura, la vela se llama "vela bajista" y se muestra como un cuerpo negro o rojo.

2. **Mechas (o Sombras):** Las mechas son las líneas verticales delgadas que se extienden por encima y por debajo del cuerpo de la vela. Representan el rango completo de precios negociados durante el período de

tiempo. La mecha superior se extiende desde el precio de cierre hasta el precio más alto alcanzado durante el período, y la mecha inferior se extiende desde el precio de cierre hasta el precio más bajo alcanzado.

3. **Precio de Apertura y Cierre:** El precio de apertura y de cierre representan los límite del cuerpo y se identifican por los colores de la vela. Así, el precio de apertura de una vela verde (alcista) será el inicio, por abajo, del cuerpo y el de cierre, el límite del cuerpo por arriba. El precio de apertura de una vela roja (bajista) es el inicio, por arriba, del cuerpo y el de cierre, el límite por abajo.

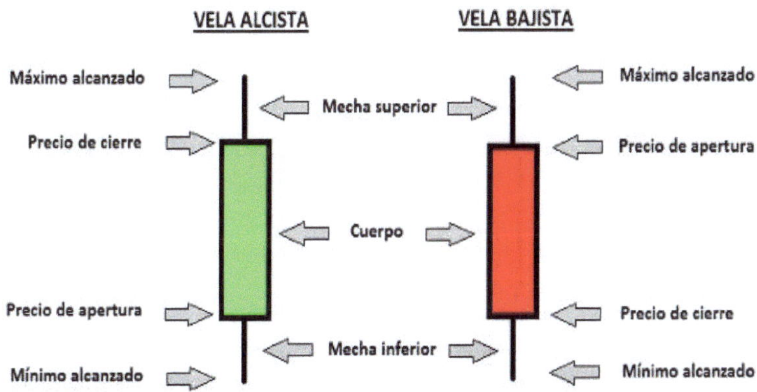

Fuente: bolsainsider.com

La interpretación de las velas japonesas se basa en patrones y formaciones que se desarrollan a lo largo del tiempo. Aquí hay algunos de los patrones y conceptos clave:

1. **Vela Alcista y Vela Bajista:** Una vela alcista indica que los compradores han tenido control durante ese período, mientras que una vela bajista sugiere que los vendedores han dominado.

2. **Doji:** Un Doji es una vela con un cuerpo muy pequeño y mechas largas en ambas direcciones. Indica indecisión en el mercado y puede señalar un posible cambio de tendencia.

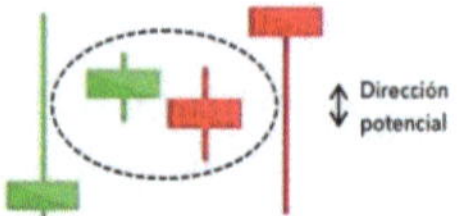

Fuente: IG.com

3. **Patrón Engulfing:** Este patrón se produce cuando una vela envuelve completamente el cuerpo de la vela anterior. Un Engulfing alcista es una señal de posible reversión alcista, mientras que un Engulfing bajista señala una posible reversión bajista.

Fuente: IG.com

4. **Martillo (Hammer) y Estrella Fugaz (Shooting Star):** El Martillo es una vela alcista con una mecha inferior y un cuerpo verde en la parte superior. La Estrella Fugaz es su contraparte bajista, con una mecha superior y un cuerpo rojo en la parte inferior. Estos patrones pueden indicar posibles cambios de tendencia.

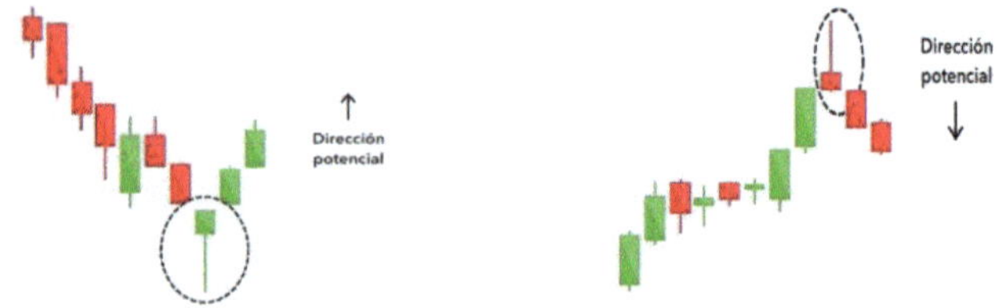

Fuente: IG.com

5. **Hombre Colgado (Hanging Man):** El Hombre Colgado es una vela bajista que se asemeja al Martillo, pero se produce en una tendencia alcista. Puede indicar una debilidad potencial en la tendencia alcista.

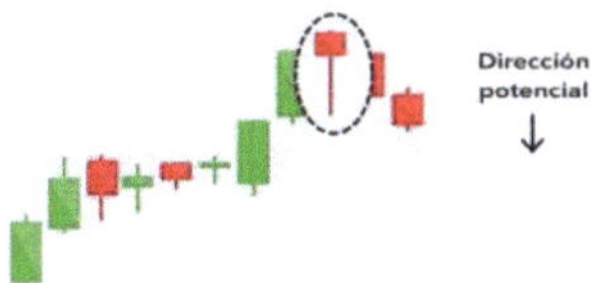

Fuente: IG.com

6. **Patrón de Estrella de la Mañana y Estrella de la Tarde:** Estos patrones consisten en tres velas cuya vela central es un doji y pueden indicar un cambio de tendencia. La Estrella de la Mañana es alcista y la Estrella de la Tarde es bajista.

Fuente: IG.com

7. **Tres Soldados Blancos y Tres Cuervos Negros:** Estos patrones constan de tres velas y pueden indicar un cambio en la dirección de la tendencia. Los Tres Soldados Blancos son alcistas, mientras que los Tres Cuervos Negros son bajistas.

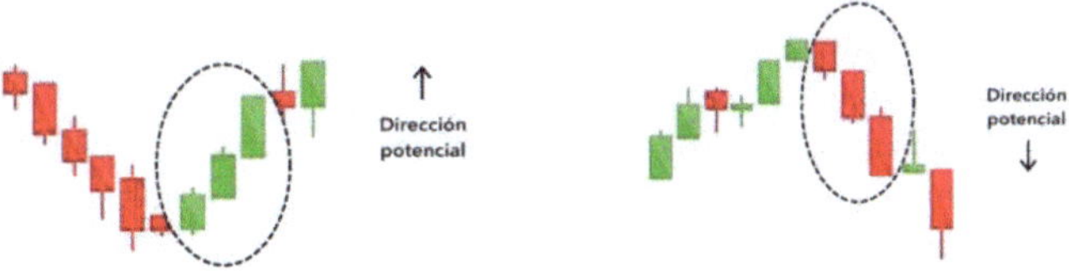

Fuente: IG.com

Es importante destacar que la interpretación de las velas japonesas es una habilidad que requiere práctica y experiencia. Los traders suelen utilizar estos patrones en conjunto con otros indicadores técnicos y análisis para tomar decisiones de trading. Además, es importante considerar el sentimiento y la tendencia general del mercado al interpretar las velas japonesas.

25. ¿Cómo se utiliza el análisis de volumen en el trading?

El análisis de volumen es una herramienta crucial en el análisis técnico que se utiliza en el trading para comprender mejor la actividad del mercado y la participación de los inversores en él.

¿Qué es el Volumen?

El volumen se refiere a la cantidad de activos financieros que se negocian en un mercado durante un período de tiempo específico. Por lo general, se mide en términos de unidades (acciones, contratos de futuros, lotes de divisas, etc.). El análisis de volumen se basa en el principio de que el volumen puede proporcionar información importante sobre la fuerza y la dirección de una tendencia o movimiento de precios.

Interpretación del Análisis de Volumen:

- **Confirmación de Tendencia:** Un aumento en el volumen que se correlaciona con un movimiento de precios en una dirección específica (ya sea alcista o bajista) puede confirmar la fortaleza de esa tendencia. Por ejemplo, si los precios suben con un aumento en el volumen, es probable que la tendencia alcista sea sólida.
- **Divergencias:** Las divergencias entre el volumen y los movimientos de precios pueden ser señales potenciales de reversión de tendencia. Por ejemplo, si los precios siguen subiendo mientras que el volumen disminuye, esto podría indicar que la tendencia alcista se está debilitando y podría estar cerca de una reversión.

- **Climax de Compra o Venta:** Los picos extremos en el volumen, especialmente en el contexto de una tendencia, pueden indicar un "clímax" de compra o venta, lo que sugiere que la tendencia actual podría estar llegando a su fin.
- **Soporte y Resistencia:** El análisis de volumen también se utiliza para identificar niveles significativos de soporte y resistencia. Los niveles en los que se produjo un alto volumen de actividad en el pasado a menudo se consideran áreas importantes donde los precios pueden reaccionar.

Herramientas para el Análisis de Volumen:

- **Histograma de Volumen:** Esta es una representación gráfica del volumen en forma de barras o histograma que se muestra en la parte inferior de un gráfico de precios. Puede ayudar a identificar cambios en el volumen a lo largo del tiempo.
- **Indicador de Acumulación/Distribución:** Este indicador se utiliza para medir la acumulación o distribución de activos. Si el indicador está en aumento, sugiere una acumulación (compra) de activos. Si está disminuyendo, sugiere una distribución (venta).
- **On-Balance Volume (OBV):** El OBV es un indicador que rastrea el volumen acumulativo en función de si los precios cerraron más altos o más bajos que el día anterior. Puede ayudar a confirmar tendencias alcistas o bajistas.

Consideraciones Importantes:

- El análisis de volumen funciona mejor cuando se utiliza en conjunto con otros indicadores técnicos y análisis de tendencia.
- Es importante considerar el contexto del mercado y la relevancia del volumen en un marco temporal específico. El volumen diario puede ser más significativo en marcos temporales más largos, mientras que el volumen intradiario es importante para los traders de corto plazo. • La interpretación del volumen es subjetiva y requiere práctica y experiencia para dominarla.

26. **¿Qué es el copy trading y el trading social?**

El mundo del trading ha experimentado una revolución gracias a la creciente popularidad del copy trading y el trading social. Estas dos tendencias permiten a los inversores, tanto novatos como experimentados, acceder a los mercados financieros y beneficiarse de las estrategias de otros traders. Aunque comparten similitudes, también presentan diferencias significativas.

Similitudes:

1. Acceso a la Experiencia: Tanto el copy trading como el trading social ofrecen a los inversores acceso a la experiencia de otros traders. En el copy trading, los inversores siguen automáticamente las operaciones de un trader más experimentado. En el trading social, los inversores interactúan con una comunidad de traders para aprender y compartir conocimientos.

2. Plataformas en Línea: Ambos enfoques se llevan a cabo en plataformas on-line especializadas. Estas plataformas proporcionan herramientas para conectarse con otros traders y acceder a los mercados financieros.

3. Interacción Comunitaria: En el copy trading y el trading social, los inversores pueden interactuar con otros miembros de la comunidad. Pueden discutir estrategias, compartir análisis y aprender de la sabiduría colectiva.

Diferencias:

1. Naturaleza de las Operaciones:

- **Copy Trading:** En el copy trading, los inversores replican automáticamente las operaciones de un trader experimentado. Este enfoque es más pasivo, ya que los inversores no toman decisiones activas.
- **Trading Social:** En el trading social, los inversores interactúan con otros miembros de la comunidad, comparten ideas y

análisis, pero toman sus propias decisiones comerciales. Es un enfoque más activo.

2. Control de las Operaciones:

- **Copy Trading:** Los inversores que utilizan el copy trading tienen menos control sobre las operaciones, ya que simplemente siguen las decisiones del trader que copian.
- **Trading Social:** Los inversores en el trading social tienen un mayor grado de control y autonomía para tomar sus propias decisiones comerciales.

Ventajas:

- **Aprendizaje:** Tanto el copy trading como el trading social brindan oportunidades de aprendizaje. Los inversores pueden ver cómo operan los traders exitosos y aprender estrategias.
- **Diversificación:** Ambos enfoques permiten la diversificación al seguir a múltiples traders y utilizar diferentes estrategias en una cartera.

Riesgos:

- **Pérdidas Potenciales:** En ambos casos, existe el riesgo de pérdida de capital si se siguen a traders con un historial de malas operaciones.
- **Dependencia:** Los inversores que utilizan el copy trading pueden volverse dependientes de las decisiones de un solo trader. En el trading social, pueden tomar decisiones impulsivas basadas en las opiniones de la comunidad.

Tanto el copy trading como el trading social ofrecen ventajas y riesgos, pero la elección entre ellos depende de las preferencias y el nivel de participación de cada inversor. La clave es comprender los riesgos, establecer límites y utilizar estas herramientas de manera responsable.

27. ¿Qué es el scalping y cuáles son sus riesgos?

El objetivo principal del scalping es obtener ganancias pequeñas pero rápidas aprovechando pequeñas fluctuaciones de precios en el mercado.

Qué es el Scalping:

El scalping se basa en la premisa de que, en un corto período de tiempo, los precios de los activos financieros pueden experimentar movimientos pequeños pero frecuentes en ambas direcciones. Los scalpers buscan aprovechar estos movimientos al entrar y salir rápidamente del mercado, acumulando ganancias a lo largo del día. A menudo, utilizan análisis técnico y gráficos de precios para tomar decisiones rápidas.

Principales Características del Scalping:

1. **Horizonte de Tiempo Muy Corto:** Las operaciones de scalping se realizan en un marco de tiempo muy corto, a menudo segundos o minutos. Los scalpers no mantienen posiciones durante mucho tiempo y buscan cerrar sus operaciones antes de que se produzcan cambios significativos en los precios.
2. **Operaciones Frecuentes:** Los scalpers realizan numerosas operaciones en una sola sesión de trading. Su objetivo es acumular pequeñas ganancias en cada operación y, con el tiempo, estas ganancias se suman.

Riesgos del Scalping:

El scalping ofrece la posibilidad de ganancias rápidas, pero también conlleva riesgos significativos:

- **Costos de Transacción:** Debido al alto volumen de operaciones, los costos de transacción, como comisiones y spreads, pueden reducir las ganancias. Los scalpers deben tener en cuenta estos costos.

- **Necesidad de Alta Concentración:** El scalping requiere una concentración extrema y una toma de decisiones rápida. Los errores pueden ser costosos y aumentar los riesgos.
- **Volatilidad:** El scalping se beneficia de la volatilidad intradía, pero esta misma volatilidad puede generar movimientos inesperados y pérdidas significativas en un corto período.
- **Psicología del Trader:** La presión psicológica es alta en el scalping debido a la velocidad de las operaciones. Los scalpers pueden verse afectados por el estrés y la ansiedad, lo que puede llevar a decisiones impulsivas.
- **Dificultad en Mercados Lentos o con Baja Liquidez:** En mercados con poca actividad o en momentos de baja liquidez, el scalping puede ser menos efectivo, ya que los movimientos de precios son limitados.
- **Capital Inicial Requerido:** Para compensar los costos de transacción y obtener ganancias significativas, los scalpers a menudo necesitan un capital inicial sustancial.

28. ¿Cómo se implementa una estrategia de trading cuantitativo?

Implementar una estrategia de trading cuantitativo implica el uso de análisis de datos y algoritmos matemáticos para tomar decisiones de inversión.

1. *Definición de la Estrategia:*

Antes de comenzar, es crucial definir claramente la estrategia de trading cuantitativo. Esto implica especificar los activos a operar, los criterios de entrada y salida, las reglas de gestión de riesgos y los objetivos de ganancias. La estrategia debe ser clara, objetiva y basada en reglas predefinidas.

2. *Recopilación de Datos:*

El primer paso en una estrategia cuantitativa es recopilar datos históricos relevantes sobre los activos que se van a negociar. Esto puede incluir datos de precios, volúmenes de negociación, datos económicos y cualquier otro indicador que sea relevante para la estrategia.

3. *Análisis de Datos:*

Los datos recopilados se analizan en busca de patrones, tendencias y relaciones estadísticas. Esto implica el uso de herramientas de análisis estadístico y software especializado. Los analistas cuantitativos buscan identificar señales y correlaciones que puedan utilizarse para tomar decisiones de trading.

4. *Desarrollo de Modelos Matemáticos:*

En esta etapa, se desarrollan modelos matemáticos y algoritmos que se basan en los resultados del análisis de datos. Estos modelos determinarán cuándo comprar, vender o mantener un activo. Los modelos pueden variar desde simples reglas basadas en indicadores técnicos hasta complejas fórmulas matemáticas.

5. *Backtesting:*

Antes de implementar la estrategia en tiempo real, se realiza un proceso de backtesting. Esto implica aplicar la estrategia a datos históricos para evaluar cómo habría funcionado en el pasado. El backtesting ayuda a identificar posibles problemas y ajustar la estrategia antes de usarla con capital real.

6. *Implementación Automatizada:*

En el trading cuantitativo, la implementación de la estrategia es completamente automatizada. Los algoritmos y modelos matemáticos se ejecutan en una plataforma de trading automatizada que realiza las operaciones en función de las señales generadas. Esto elimina la influencia de las emociones en las decisiones de trading.

7. *Monitoreo Continuo:*

Una vez que la estrategia está en funcionamiento, se realiza un monitoreo constante. Los operadores cuantitativos supervisan el

rendimiento de la estrategia y pueden realizar ajustes según sea
necesario para adaptarse a las condiciones cambiantes del mercado.

8. *Gestión de Riesgos:*

La gestión de riesgos es fundamental en el trading cuantitativo. Se
establecen límites de riesgo y se aplican reglas estrictas para proteger
el capital de inversión. Esto incluye la determinación de tamaños de
posición, niveles de stop loss y límites de pérdida diaria.

9. *Optimización Continua:*

Una estrategia cuantitativa exitosa no es estática. Se somete a una
optimización continua a medida que se recopilan nuevos datos y se
evalúa el rendimiento. Los modelos y algoritmos pueden ajustarse
para mantener la relevancia en un mercado en constante cambio.

10. *Evaluación de Resultados:*

Finalmente, se evalúan los resultados de la estrategia a largo plazo.
Se analizan los rendimientos, la consistencia y la eficacia de la
estrategia en comparación con los objetivos establecidos.

29. ¿Qué son las estrategias de reversión a la media?

Concepto Fundamental:

La teoría detrás de las estrategias de reversión a la media se basa en
la suposición de que, a lo largo del tiempo, los precios tienden a
fluctuar alrededor de un valor promedio o una media. En otras
palabras, después de que un precio se aleja significativamente de su
media histórica, es probable que regrese hacia esa media en el futuro.
Esto crea oportunidades de trading e inversión.

Características Clave:

- **Media:** En el contexto de estas estrategias, la "media" se refiere a algún tipo de valor promedio, como una media móvil simple o exponencial, una media aritmética o cualquier otro indicador que represente la tendencia central de los precios.
- **Sobrecompra y Sobreventa:** Las estrategias de reversión a la media a menudo se utilizan en situaciones en las que se considera que un activo está sobrecomprado o sobreventa. Cuando un activo está sobrecomprado, su precio se ha elevado significativamente por encima de la media y se espera que regrese a la misma. Cuando está sobrevendido, su precio se ha reducido mucho por debajo de la media y se espera que vuelva a subir.
- **Estrategia de Compra y Venta:** Los traders que utilizan esta estrategia buscarán comprar un activo cuando esté por debajo de la media y venderlo cuando esté por encima de la misma. La idea es que, con el tiempo, el precio tenderá a volver a la media, lo que generará ganancias.

Ejemplo de Estrategia:

Supongamos que un trader utiliza una estrategia de reversión a la media basada en una media móvil simple de 50 días. Cuando el precio de un activo cae por debajo de esta media, el trader podría verlo como una oportunidad de compra, anticipando que el precio eventualmente volverá a subir y superará la media de 50 días. Del mismo modo, si el precio sube por encima de la media de 50 días, el trader podría considerar vender el activo, esperando que el precio regrese a la media desde arriba.

Riesgos y Consideraciones:

- Las estrategias de reversión a la media pueden ser efectivas en mercados que experimentan movimientos cíclicos y oscilaciones de precios, pero no son adecuadas para todos los tipos de activos o condiciones de mercado.
- Es importante tener en cuenta que los precios pueden permanecer por encima o por debajo de la media durante

períodos prolongados, y no siempre revertirán de inmediato.
- La elección de la media y los puntos de entrada y salida son cruciales para el éxito de estas estrategias. Una mala elección puede resultar en pérdidas.
- La gestión de riesgos es esencial. Establecer stop loss y tamaños de posición adecuados es fundamental para limitar las pérdidas en caso de que el precio no revierta como se esperaba.

30. ¿En qué consiste operar en tendencia, contratendencia o en un rango (estrategias grid-rejilla)?

Es importante destacar que tanto el Trading de Tendencias como el Trading Contratendencia tienen sus propias ventajas y desventajas. La elección de una estrategia depende de tu estilo de trading, tu análisis del mercado y tu tolerancia al riesgo. También es esencial la gestión de riesgos y la disciplina para tener éxito en cualquiera de estas estrategias de trading. *Trading de Tendencias*:

El Trading de Tendencias se basa en aprovechar las direcciones predominantes del mercado. Los traders buscan identificar y seguir tendencias alcistas o bajistas. Aquí hay algunas estrategias clave:

- **Seguimiento de Tendencia Simple:** Los traders identifican una tendencia a largo plazo utilizando herramientas como medias móviles o líneas de tendencia. Luego, abren posiciones a favor de la tendencia (comprar en una tendencia alcista o vender en una tendencia bajista) y mantienen esas posiciones mientras dure la tendencia.
- **Pullbacks y Retrocesos:** Durante una tendencia alcista, los traders pueden buscar pullbacks (retrocesos temporales a la baja) como oportunidades para comprar a precios más bajos. En una tendencia bajista, pueden buscar retrocesos al alza como oportunidades para vender.
- **Estrategia de Cruce de Medias Móviles:** Esta estrategia utiliza dos medias móviles: una más corta y una más larga. Cuando la media móvil corta cruza por encima de la larga,

se considera una señal de compra, y cuando cruza por debajo, es una señal de venta.

- **Indicadores de Tendencia:** Los indicadores como el MACD (Moving Average Convergence Divergence) o el ADX (Average Directional Index) pueden ayudar a confirmar y medir la fuerza de una tendencia.

Trading Contratendencia:

El Trading Contratendencia implica operar en contra de la tendencia predominante, aprovechando las correcciones o reversión de precios. Aquí se enumeran algunas estrategias comunes:

- **Identificación de Sobrecompra/Sobreventa:** Los traders buscan activos que han experimentado movimientos extremos en una dirección y esperan una reversión. Los indicadores de sobrecompra/sobreventa como el RSI (Relative Strength Index) son útiles.
- **Divergencias:** Se observan diferencias entre el movimiento de un indicador (por ejemplo, el MACD) y el precio del activo subyacente.
  Esto puede indicar un posible cambio de tendencia.

- **Patrones de Velas:** Los traders buscan patrones de velas que sugieran una reversión, como una vela martillo (hammer) o una vela envolvente (engulfing).
- **Fibonacci:** Se utilizan niveles de retroceso de Fibonacci para identificar posibles puntos de reversión en el precio.
- **Puntos de Pivote:** Los puntos de pivote se calculan utilizando datos de precios anteriores y pueden servir como niveles de soporte y resistencia para determinar posibles puntos de entrada y salida.

Concepto de la Estrategia de Rejilla:

La estrategia de rejilla, también conocida como "Grid Trading," es un enfoque de trading que implica la colocación de múltiples órdenes de compra y venta en un rango de precios predeterminado. Esta estrategia se basa en la idea de que el mercado tiende a fluctuar dentro de ciertos rangos de precios en lugar de moverse en una dirección constante

Ejemplo:

- En la estrategia de rejilla, se define un rango de precios dentro del cual se desea operar. Por ejemplo, en el par de divisas EUR/USD, se establece un rango de precios entre 1.1000 y 1.1100.
- Luego, se colocan órdenes de compra y venta a intervalos regulares dentro de ese rango. Estos intervalos se conocen como "casillas" de la rejilla.
- Si el precio se mueve hacia arriba, las órdenes de compra pueden activarse, y si el precio se mueve hacia abajo, las órdenes de venta pueden activarse.

Ejemplo de Estrategia de Rejilla: Supongamos que deseas aplicar la estrategia de rejilla en el par EUR/USD con un rango de precios entre 1.1000 y 1.1100 y un espacio entre cada casilla de 10 pips. Tu rejilla podría verse de la siguiente manera:

- Orden de Compra 1: 1.1000
- Orden de Venta 1: 1.1010
- Orden de Compra 2: 1.1020
- Orden de Venta 2: 1.1030
- ... y así sucesivamente.

En este ejemplo, has colocado una serie de órdenes de compra y venta a intervalos de 10 pips. Si el precio sube, las órdenes de compra se activarán, y si el precio baja, las órdenes de venta se activarán. Dependiendo de la dirección en la que se mueva el mercado, puedes obtener ganancias a medida que las órdenes se ejecutan y se cierran.

Ventajas y Riesgos:

- La estrategia de rejilla se beneficia de la volatilidad del mercado y las fluctuaciones de precios dentro de un rango específico.
- Puede ser aplicada en diferentes marcos de tiempo, lo que la hace versátil.

- Requiere una vigilancia constante del mercado para ajustar las órdenes según sea necesario.
- No es una estrategia para tendencias fuertes o mercados altamente volátiles.
- Si el mercado sale repentinamente del rango o experimenta una tendencia fuerte, las pérdidas pueden acumularse rápidamente. Se necesita una gestión de riesgos sólida.

Aunque la estrategia de rejilla puede ser efectiva en ciertas condiciones de mercado, no garantiza ganancias y conlleva riesgos. La gestión de riesgos adecuada, el tamaño de posición y la elección de un rango de precios adecuado son factores críticos en su aplicación.

31. ¿En qué consisten las estrategias de EventDriven Trading?

El Event-Driven Trading, o trading impulsado por eventos, es una estrategia que se centra en identificar y aprovechar las oportunidades de inversión que surgen como resultado de eventos específicos que afectan a los mercados financieros. Estos eventos pueden incluir anuncios de ganancias corporativas, fusiones y adquisiciones, informes económicos importantes y anuncios de dividendos, entre otros.

Principios básicos del Event-Driven Trading:

1. **Identificación de eventos:** Los traders de Event-Driven se centran en identificar eventos que puedan tener un impacto significativo en los precios de los activos financieros. Estos eventos pueden ser programados, como informes económicos periódicos, o no programados, como anuncios de ganancias sorpresa.

2. **Evaluación del impacto:** Una vez que se identifica un evento, se evalúa cómo podría afectar a los precios de los activos relacionados. Esto implica el análisis fundamental y, a veces, el análisis técnico para determinar las posibles implicaciones.

3. **Desarrollo de estrategias:** Los traders desarrollan estrategias específicas para aprovechar las oportunidades creadas por estos eventos. Esto podría incluir la compra de acciones de una empresa antes de un anuncio de ganancias esperado positivo o la toma de posiciones cortas antes de un anuncio de resultados decepcionantes.

4. **Gestión de riesgos:** La gestión de riesgos es fundamental en el Event-Driven Trading, ya que los eventos pueden ser volátiles y, en algunos casos, impredecibles. Los traders suelen establecer límites de pérdida y niveles de stop para protegerse contra movimientos adversos.

5. **Rapidez en la ejecución:** Dado que la reacción del mercado a eventos puede ser rápida, los traders de Event-Driven a menudo necesitan ejecutar órdenes rápidamente para aprovechar las oportunidades. Esto puede requerir el uso de sistemas de trading automatizados o algoritmos.

Ejemplos de eventos en Event-Driven Trading:

- **Anuncios de ganancias:** Los traders pueden tomar posiciones antes de que una empresa publique sus resultados trimestrales, anticipando movimientos en el precio de las acciones en función de si los resultados superan o no las expectativas del mercado.
- **Fusiones y adquisiciones:** Cuando se anuncian fusiones o adquisiciones, los precios de las acciones de las empresas involucradas pueden experimentar movimientos significativos. Los traders pueden especular sobre estos movimientos.
- **Anuncios de datos económicos:** Los informes económicos, como el Informe de Empleo de EE. UU. o las tasas de interés del banco central, pueden influir en los mercados financieros. Los traders pueden posicionarse antes de estos anuncios.
- **Anuncios de dividendos:** Las empresas que anuncian aumentos de dividendos pueden atraer a inversores en busca de ingresos. Los traders pueden comprar acciones de estas empresas antes del anuncio.

- **Eventos geopolíticos:** Eventos políticos o geopolíticos, como elecciones presidenciales, acuerdos o crisis internacionales, pueden tener un impacto significativo en los mercados financieros. Los traders pueden ajustar sus estrategias en respuesta a estos eventos.

32. ¿Qué es el trading con opciones y cómo funciona?

El trading con opciones es una estrategia financiera que implica comprar y vender contratos de opciones en los mercados financieros. Las opciones son derivados financieros que otorgan a los traders (en el caso de compra) el derecho, pero no la obligación, de comprar (opción de compra o "call") o vender (opción de venta o "put") un activo subyacente a un precio determinado en una fecha futura específica.

1. *Diferencia entre Opciones Americanas y Europeas:*

   - **Opciones Americanas:** Los titulares de opciones americanas tienen el derecho de ejercer la opción en cualquier momento antes de la fecha de vencimiento. Esto significa que pueden ejercer la opción en cualquier día hábil antes de que expire.
   - **Opciones Europeas:** Los titulares de opciones europeas solo pueden ejercer la opción en la fecha de vencimiento. No tienen la flexibilidad de ejercerla antes de esa fecha.

2. *Tipos de Opciones:*

   - **Opción de Compra (Call):** Comprar un contrato de opción de compra otorga al titular el derecho de comprar un activo subyacente a un precio determinado (precio de ejercicio) antes de una fecha de vencimiento específica. Los traders compran opciones de compra cuando esperan que el precio del activo subyacente aumente.
   - **Opción de Venta (Put):** Comprar un contrato de opción de venta otorga al titular el derecho de vender un activo subyacente a un precio determinado antes de la fecha de vencimiento. Los traders compran opciones de venta

cuando anticipan que el precio del activo subyacente disminuirá.

3. *Componentes de una Opción:*

- **Precio de Ejercicio (Strike Price):** Es el precio al que el titular de la opción puede comprar (en el caso de una opción de compra) o vender (en el caso de una opción de venta) el activo subyacente.
- **Fecha de Vencimiento (Expiration Date):** Es la fecha en la que el contrato de opción expira y el titular debe ejercer su derecho si lo desea.

4. *Compra y Venta de Opciones:*

- **Compra de Opciones:** Los traders pueden comprar opciones para especular sobre el movimiento futuro del precio del activo subyacente. Pagan una prima por la opción (el precio del contrato) y tienen el derecho de ejercerla antes de la fecha de vencimiento.
- **Venta de Opciones:** Los traders también pueden vender opciones, lo que se conoce como escribir opciones. Al vender una opción, reciben la prima como ingreso, pero asumen la obligación de comprar o vender el activo subyacente si el titular de la opción decide ejercerla.

5. *Estrategias de Trading con Opciones:*

Los traders utilizan una variedad de estrategias con opciones, incluyendo:

- **Compra de Calls o Puts:** Especulan sobre movimientos alcistas (compra de calls) o bajistas (compra de puts) del activo subyacente.
- **Estrategias de Venta Cubierta:** Combinan la venta de una opción con la tenencia del activo subyacente, lo que limita el riesgo.
- **Estrategias de Spread:** Involucran la compra y venta simultánea de dos o más opciones para aprovechar

diferencias en los precios de ejercicio o las fechas de vencimiento.

6. *Factores a Considerar:*

El trading con opciones implica riesgos, y es importante comprender los siguientes factores:

- **Volatilidad del Mercado:** La volatilidad puede afectar significativamente el precio de las opciones.
- **Tiempo hasta el Vencimiento:** El valor de una opción puede disminuir a medida que se acerca la fecha de vencimiento.
- **Precio del Activo Subyacente:** El precio del activo subyacente es un factor clave en la rentabilidad de las opciones.
- **Costo de la Prima:** El precio de compra de la opción (la prima) debe considerarse al evaluar la rentabilidad de una operación.

33. ¿Cuáles son las Diferencias entre comprar o vender opciones call y put?

Comprar opciones call y put es una estrategia especulativa que aprovecha expectativas alcistas o bajistas, respectivamente, sobre un activo subyacente. Por otro lado, vender opciones call y put implica asumir obligaciones y puede utilizarse para generar ingresos, pero también conlleva riesgos considerables si las expectativas del inversor no se cumplen. Cada estrategia tiene sus propias ventajas y desventajas, y es importante comprender sus implicaciones antes de utilizarlas en el mercado de opciones.

Comprar Opciones Call:

- **Función Principal:** Al comprar una opción call, el inversor adquiere el derecho, pero no la obligación, de comprar un activo subyacente a un precio específico (llamado precio de ejercicio o strike) antes o en la fecha de vencimiento.
- **Expectativas del Inversor:** Los inversores compran opciones call cuando tienen expectativas alcistas sobre el activo

subyacente. Esperan que el precio del activo aumente significativamente para beneficiarse de la opción.

- **Costo Inicial:** Al comprar una opción call, el inversor paga una prima (el precio de la opción) al vendedor. Esta prima es la pérdida máxima que el inversor puede sufrir si la opción no se ejerce.
- **Ganancias Potenciales:** Las ganancias potenciales al comprar una opción call son teóricamente ilimitadas, ya que el precio del activo subyacente puede aumentar significativamente. Sin embargo, el inversor debe superar el costo de la prima para obtener ganancias.

Vender Opciones Call:

- **Función Principal:** Al vender una opción call, el inversor asume la obligación de vender el activo subyacente al precio de ejercicio si el titular de la opción decide ejercerla.
- **Expectativas del Inversor:** Los inversores venden opciones call cuando tienen expectativas neutrales o bajistas sobre el activo subyacente. Esperan que el precio del activo no suba por encima del precio de ejercicio.
- **Ingresos Iniciales:** Al vender una opción call, el inversor recibe una prima del comprador de la opción. Esta prima representa las ganancias máximas que el vendedor puede obtener, pero también es su responsabilidad cubrir las posibles pérdidas si la opción se ejerce y el precio del activo subyacente sube.
Riesgos Potenciales: Vender opciones call conlleva riesgos significativos si el precio del activo subyacente aumenta por encima del precio de ejercicio. El vendedor podría enfrentar pérdidas considerables.

Comprar Opciones Put (Compra de Puts):

- **Función Principal:** Al comprar una opción put, el inversor adquiere el derecho, pero no la obligación, de vender un activo subyacente a un precio específico (llamado precio de ejercicio o strike) antes o en la fecha de vencimiento.
- **Expectativas del Inversor:** Los inversores compran opciones put cuando tienen expectativas bajistas sobre el activo

subyacente. Esperan que el precio del activo disminuya significativamente para beneficiarse de la opción.

- **Costo Inicial:** Al comprar una opción put, el inversor paga una prima al vendedor de la opción. Esta prima es el precio de la opción y representa la pérdida máxima que el inversor puede sufrir si la opción no se ejerce.
- **Ganancias Potenciales:** Las ganancias potenciales al comprar una opción put son teóricamente ilimitadas, ya que el precio del activo subyacente puede caer significativamente. Sin embargo, el inversor debe superar el costo de la prima para obtener ganancias.
- **Riesgo Limitado:** La pérdida máxima que el inversor puede experimentar al comprar una opción put es igual a la prima pagada. Esto limita el riesgo en caso de que las expectativas bajistas no se cumplan.

Vender Opciones Put (Venta de Puts):

- **Función Principal:** Al vender una opción put, el inversor asume la obligación de comprar el activo subyacente al precio de ejercicio si el titular de la opción decide ejercerla.
- **Expectativas del Inversor:** Los inversores venden opciones put cuando tienen expectativas neutrales o alcistas sobre el activo subyacente. Esperan que el precio del activo no caiga por debajo del precio de ejercicio.
- **Ingresos Iniciales:** Al vender una opción put, el inversor recibe una prima del comprador de la opción. Esta prima representa las ganancias máximas que el vendedor puede obtener, pero también es su responsabilidad cubrir las posibles pérdidas si la opción se ejerce y el precio del activo subyacente cae por debajo del precio de ejercicio.
Riesgos Potenciales: Vender opciones put conlleva riesgos significativos si el precio del activo subyacente cae por debajo del precio de ejercicio. El vendedor podría verse obligado a comprar el activo a un precio más alto que su valor de mercado actual.

34. ¿Qué es el trading con futuros y cuáles son sus ventajas?

El trading con futuros es una estrategia en la que los inversores compran o venden contratos de futuros con el objetivo de beneficiarse de los cambios de precios de activos subyacentes, como commodities, índices bursátiles, divisas y más. Es fundamental comprender que no es adecuado para todos los inversores y que se necesita una formación adecuada antes de comenzar.

Los futuros son contratos financieros estandarizados que obligan al comprador a comprar y al vendedor a vender un activo subyacente a un precio y una fecha futura específicos. Estos contratos se negocian en mercados organizados llamados bolsas de futuros. Los inversores pueden beneficiarse de los movimientos de precios al comprar (posición larga) o vender (posición corta) contratos de futuros.

Ventajas del Trading con Futuros:

- **Apalancamiento:** Una de las principales ventajas de los futuros es el apalancamiento. Los inversores pueden controlar una gran cantidad de activos subyacentes con una inversión relativamente pequeña. Esto puede amplificar las ganancias, pero también aumentar las pérdidas.
- **Diversificación:** Los futuros permiten a los inversores diversificar sus carteras al incluir activos subyacentes que pueden ser difíciles de adquirir de otra manera. Por ejemplo, un inversor puede diversificar con futuros de commodities (materias primas como el petróleo) sin necesidad de poseer físicamente esos commodities.
- **Cobertura (Hedging):** Los inversores pueden utilizar futuros para protegerse contra riesgos de precio. Por ejemplo, un agricultor puede vender futuros de su cosecha para asegurarse un precio mínimo, protegiéndose así contra una caída en los precios.
- **Liquidez:** Los mercados de futuros suelen ser altamente líquidos, lo que significa que es relativamente fácil comprar y vender contratos a precios competitivos.

Transparencia: Los contratos de futuros son estandarizados y su información, como precios y volúmenes, está disponible públicamente, lo que brinda transparencia al mercado.

Inconvenientes del Trading con Futuros:

- **Riesgo de Pérdida Ilimitada:** Aunque el apalancamiento puede aumentar las ganancias, también aumenta el riesgo de pérdida. Las pérdidas en el trading con futuros pueden ser significativas e incluso superar el capital invertido, lo que significa un riesgo de pérdida ilimitada.
- **Requiere Conocimiento:** El trading con futuros es complejo y requiere un buen entendimiento de los mercados, estrategias y análisis. Los inversores inexpertos pueden enfrentar dificultades y pérdidas.
- **Costos Asociados:** Los inversores deben pagar comisiones y márgenes al operar con futuros, lo que puede reducir las ganancias potenciales.
- **Vencimiento de Contratos:** Los contratos de futuros tienen fechas de vencimiento, lo que significa que deben ser rolados o cerrados antes de esa fecha. Esto puede requerir una gestión activa de la posición.
- **Volatilidad:** Los mercados de futuros pueden ser extremadamente volátiles, lo que puede llevar a movimientos de precios bruscos en cortos periodos.

Cómo se opera con futuros atendiendo a su vencimiento:

Cuando se trata de contratos de futuros no hay que olvidar que a su vencimiento hay que proceder a la entrega del activo subyacente. Siempre es recomendable entender completamente los términos y las condiciones del contrato de futuros en el que se está operando antes de acercarse a su vencimiento.

Imaginemos la negociación de un futuro sobre petróleo. Por lo general, un contrato de futuros de petróleo crudo en los mercados financieros suele representar 1.000 barriles de petróleo crudo. Éstas son las opciones que se nos plantean respecto a su vencimiento:

El contrato vence en tu poder:

- **Liquidación Física**: Si decides mantener el contrato hasta su vencimiento, debes estar preparado para la entrega física del petróleo crudo subyacente (1.000 barriles). Esto significa que debes aceptar la entrega de la cantidad específica de petróleo crudo en el lugar de entrega designado en el contrato. Esto generalmente implica costos logísticos y de almacenamiento. La mayoría de los traders minoristas no buscan la liquidación física debido a la complejidad y el costo asociado.

Opciones antes del vencimiento:

- **Liquidación en Efectivo**: La mayoría de los traders minoristas no están interesados en la entrega física de commodities. Por lo tanto, antes de que el contrato venza, pueden optar por cerrar su posición vendiendo el contrato en el mercado antes del vencimiento. La diferencia entre el precio de compra y el precio de venta resulta en una ganancia o pérdida, y esto se resuelve en efectivo en su cuenta.
- **Rolado de Contrato**: Algunos traders optan por evitar la entrega física o la liquidación en efectivo rolándose a un contrato futuro de fecha posterior antes de que el contrato actual venza. Esto implica vender el contrato actual y comprar otro con una fecha de vencimiento posterior. De esta manera, pueden continuar operando en el mercado sin tener que lidiar con la entrega física.

35. ¿Qué son y cómo se opera con contratos por diferencia (CFD)?

¿Qué son los CFDs?

Un CFD (Contrato por Diferencia) es un contrato entre un trader y un bróker que refleja la diferencia entre el precio de entrada y el precio de salida de un activo subyacente. No implica la compra real del activo. En lugar de eso, el trader toma una posición basada en si cree que el precio del activo subyacente aumentará (posición larga) o disminuirá (posición corta). La ganancia o pérdida se calcula en función de la diferencia entre el precio de entrada y el precio de salida de la posición. Los CFDs permiten a los traders especular sobre los movimientos de precios de una amplia gama de activos subyacentes, como acciones, índices, divisas, materias primas y más, sin la necesidad de poseer los activos reales.

¿Cómo se Operan los CFDs?:

1. **Elección de un Bróker de CFDs:** El primer paso es seleccionar un bróker de CFDs confiable y regulado. Asegúrate de que ofrezca acceso a los activos que deseas negociar.

2. **Apertura de una Cuenta de Trading:** Una vez que hayas elegido un bróker, debes abrir una cuenta de trading con ellos. Esto generalmente implica proporcionar información personal y financiera, así como completar cualquier proceso de verificación necesario.

3. **Selección de un Activo Subyacente:** Después de abrir una cuenta, puedes comenzar a operar. Debes seleccionar el activo subyacente en el que deseas invertir. Los CFDs están disponibles para una amplia gama de activos, desde acciones hasta divisas y materias primas.

4. **Análisis del Mercado:** Antes de abrir una posición, es importante realizar un análisis del mercado. Esto puede incluir análisis técnico, análisis fundamental o una combinación de ambos para tomar decisiones.

5. **Apertura de una Posición:** Una vez que hayas realizado tu análisis y tengas una estrategia en mente, puedes abrir una posición. Puedes comprar (posición larga) si crees que el precio del activo subyacente aumentará, o vender (posición corta) si anticipas una disminución en el precio.

6. **Gestión de Riesgos:** La gestión de riesgos es esencial. Utiliza órdenes stop loss para limitar pérdidas y take profit para asegurar ganancias. Define límites de riesgo que estés dispuesto a asumir.

7. **Monitoreo y Ajustes:** Una vez que hayas abierto una posición, debes monitorear el mercado de cerca y estar preparado para ajustar tu estrategia según sea necesario. Los precios pueden cambiar rápidamente.

8. **Cierre de Posiciones:** Puedes cerrar tu posición de CFD en cualquier momento que lo desees. El cierre de una posición larga implica vender, y el cierre de una posición corta implica comprar. Las ganancias o pérdidas se calculan según la diferencia entre el precio de entrada y el precio de salida.

9. **Registro y Contabilidad:** Lleva un registro de todas tus operaciones y resultados para evaluar tu desempeño y tomar decisiones futuras.

10. **Educación Continua:** El trading de CFDs es complejo y conlleva riesgos. La educación continua es esencial para convertirse en un trader experto.

36. ¿Qué es el trading algorítmico y cómo se implementa?

El trading algorítmico, también conocido como trading automatizado o trading cuantitativo, es una estrategia de inversión en la que se utilizan algoritmos informáticos para realizar operaciones en los mercados financieros. Estos algoritmos son diseñados para ejecutar órdenes de compra o venta de activos financieros en función de condiciones predefinidas y reglas matemáticas, sin necesidad de intervención humana constante.

El trading algorítmico se basa en la automatización de procesos de toma de decisiones y ejecución de operaciones en los mercados financieros. Los algoritmos pueden analizar datos históricos y en tiempo real, identificar patrones, señales de compra o venta, y ejecutar órdenes de manera rápida y eficiente. Este enfoque tiene como objetivo capitalizar oportunidades de trading en fracciones de segundo y gestionar riesgos de manera precisa.

El trading algorítmico se utiliza en una amplia variedad de estrategias, desde arbitraje de alta frecuencia hasta estrategias de inversión a largo plazo. Ofrece ventajas como la ejecución rápida y precisa de operaciones, eliminación de emociones en la toma de decisiones y la capacidad de gestionar múltiples activos y estrategias simultáneamente. Sin embargo, también conlleva riesgos, como la necesidad de mantener y actualizar continuamente los algoritmos y la posibilidad de errores técnicos.

Cómo se Implementa el Trading Algorítmico:

- **Desarrollo del Algoritmo:** El primer paso en la implementación del trading algorítmico es desarrollar el algoritmo. Esto implica definir reglas precisas que indiquen cuándo comprar, vender o mantener una posición. Los algoritmos pueden ser simples o altamente complejos, dependiendo de la estrategia y la sofisticación requerida.
- **Recopilación de Datos:** Los algoritmos requieren datos para tomar decisiones informadas. Esto puede incluir datos históricos de precios, volúmenes de transacción, noticias financieras, datos macroeconómicos y otros. Los datos se utilizan para evaluar patrones y tendencias en los mercados.
- **Programación del Algoritmo:** Los algoritmos se implementan a través de software de trading personalizado o plataformas de trading automatizado. Los programadores escriben el código que ejecutará las operaciones según las reglas establecidas.
- **Pruebas y Optimización:** Antes de implementar un algoritmo en un entorno de trading en vivo, se realizan extensas pruebas históricas y simulaciones para evaluar su desempeño. Se ajustan los parámetros y las reglas del algoritmo para optimizar su rendimiento pasado y futuro.
- **Implementación en un Entorno de Producción:** Una vez que se ha probado y optimizado el algoritmo, se implementa en un entorno de producción real en los mercados

financieros. Las órdenes se ejecutan automáticamente según las señales generadas por el algoritmo.

- **Monitoreo Continuo:** A pesar de la automatización, es importante monitorear constantemente el rendimiento del algoritmo. Los traders y desarrolladores supervisan el funcionamiento del algoritmo, ajustan parámetros según sea necesario y resuelven problemas técnicos.

- **Gestión de Riesgos:** La gestión de riesgos es esencial en el trading algorítmico. Se establecen límites de pérdida y se utilizan órdenes de stop loss para proteger la cartera de pérdidas excesivas. También se considera el tamaño de posición adecuado para cada operación.

- **Actualizaciones y Mejoras:** Los algoritmos requieren actualizaciones periódicas para adaptarse a las condiciones cambiantes del mercado y para mejorar el rendimiento. Los desarrolladores pueden modificar las reglas y los parámetros según sea necesario.

37. ¿En qué consisten las estrategias de cobertura "Hedging" y las estrategias de Arbitraje?

La estrategia Hedging:

También conocida como cobertura, es una técnica utilizada en el trading y las inversiones para reducir o compensar el riesgo de pérdida en una posición abierta en el mercado. El objetivo principal del hedging es protegerse contra movimientos desfavorables de precios de activos o instrumentos financieros. El hedging es una estrategia útil para reducir el riesgo, pero no necesariamente garantiza ganancias. Puede limitar las pérdidas, pero también puede reducir las ganancias potenciales.

Principios clave del hedging:

- **Posición Original:** El trader o inversor abre una posición en un activo o instrumento financiero con la expectativa de obtener ganancias. Esta posición se conoce como la "posición original" o "posición subyacente".

- **Riesgo Identificado:** Se identifica un riesgo potencial que podría afectar negativamente a la posición original. Esto podría ser un riesgo de pérdida debido a movimientos de precios adversos, fluctuaciones de divisas u otros factores del mercado.

- **Instrumento de Cobertura:** El inversor toma una posición opuesta o utiliza un instrumento financiero relacionado para compensar el riesgo de la posición original. Este instrumento se conoce como "instrumento de cobertura" o "posición de cobertura".

- **Resultados de la Cobertura:** Si el mercado se mueve en contra de la posición original, las pérdidas en esa posición se compensarán parcial o totalmente con las ganancias en la posición de cobertura. En caso de que el mercado se mueva a favor de la posición original, las ganancias en la posición original serán mayores que las pérdidas en la posición de cobertura.

Ejemplos de estrategias de hedging:

- **Hedging de Divisas:** Un exportador que espera recibir un pago en dólares estadounidenses en el futuro puede temer una depreciación del dólar frente a su moneda local. Para mitigar este riesgo, puede tomar una posición larga en futuros de divisas para comprar dólares estadounidenses si la tasa de cambio se mueve en contra de él.

- **Hedging de Cartera:** Un inversor que posee una cartera de acciones puede preocuparse por una caída del mercado. Puede utilizar opciones de venta (put options) en sus acciones para protegerse contra pérdidas significativas.

- **Hedging en Mercados de Futuros:** Los inversores que operan en mercados de futuros pueden usar contratos de futuros para cubrir sus posiciones existentes. Por ejemplo, un productor de petróleo puede vender futuros de petróleo para garantizar un precio mínimo para su producto.

-

La estrategia de arbitraje de mercado:

Es una técnica que busca obtener ganancias al explotar las diferencias de precio de un activo o instrumento financiero en diferentes mercados o plataformas. El objetivo es comprar a un precio más bajo en un mercado y vender al mismo activo a un precio más alto en otro mercado, obteniendo así una ganancia segura debido a la discrepancia de precios. A continuación, se describen los aspectos clave de esta estrategia:

Principios básicos del arbitraje de mercado:

- **Identificación de oportunidades:** El trader o inversor identifica una oportunidad de arbitraje cuando se presenta una diferencia de precio sustancial para el mismo activo o instrumento financiero en diferentes mercados. Esto puede ocurrir debido a demoras en la información, ineficiencias del mercado o factores externos.
- **Acciones simultáneas:** La clave del arbitraje de mercado es realizar transacciones casi simultáneas en ambos mercados para aprovechar la discrepancia de precios antes de que se corrija. Esto a menudo implica utilizar sistemas de trading automatizado o algoritmos para ejecutar órdenes rápidamente.
- **Riesgo mínimo:** El arbitraje de mercado se considera una estrategia de riesgo mínimo, ya que busca obtener ganancias sin depender de la dirección general del mercado. En cambio, se basa en diferencias de precio temporales.
- **Tamaño de posición:** Los traders de arbitraje a menudo deben realizar operaciones con un tamaño de posición significativo para que las ganancias sean significativas, ya que las diferencias de precio pueden ser pequeñas en términos porcentuales.

Ejemplo:

Si una acción se cotiza a $100 en la Bolsa A y a $105 en la Bolsa B, un trader podría comprarla en la Bolsa A y venderla en la Bolsa B, obteniendo un beneficio de $5 por acción (excluyendo comisiones y costos).

38. ¿Cómo se utiliza el análisis de patrones armónicos?

El análisis de patrones armónicos es una técnica utilizada en el análisis técnico de los mercados financieros para identificar patrones repetitivos en los gráficos de precios. Estos patrones se basan en la secuencia de números de Fibonacci y tienen como objetivo predecir futuros movimientos de precios.

Identificación de Patrones Armónicos:

El primer paso en el análisis de patrones armónicos es identificar los patrones en el gráfico de precios. Los patrones armónicos más comunes son el patrón de cangrejo, el patrón de mariposa, el patrón de murciélago y el patrón de Gartley. Estos patrones se componen de retrocesos y extensiones específicas de la secuencia de Fibonacci.

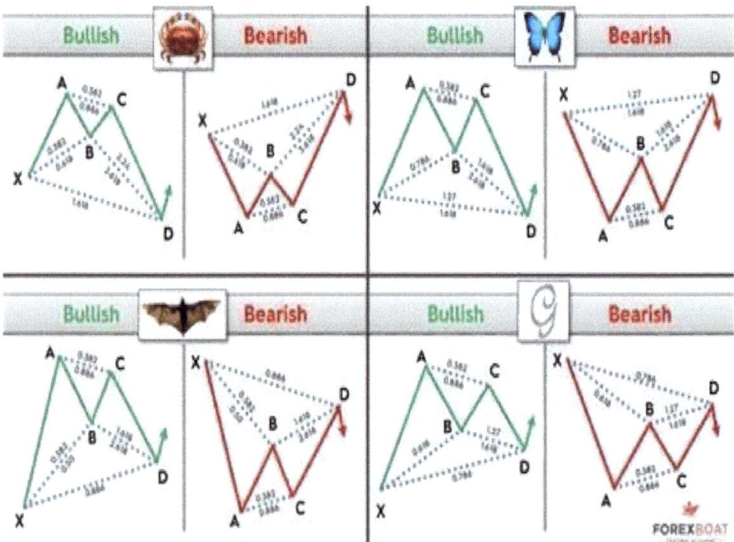

Fuente: iqtradingpro.com

Medición de Retrocesos y Extensiones:

Para identificar un patrón armónico, los traders deben medir los retrocesos y extensiones de la secuencia de Fibonacci en el movimiento de precios actual. Esto implica identificar puntos clave en el gráfico donde el precio podría detenerse o cambiar de dirección.

- **Retroceso de Fibonacci:** Los retrocesos se calculan típicamente en niveles como el 38.2%, el 50% y el 61.8% del movimiento anterior del precio. Estos niveles se consideran áreas potenciales de soporte o resistencia.
- **Extensión de Fibonacci:** Las extensiones se calculan en niveles como el 127.2%, el 161.8% y el 261.8% del movimiento anterior del precio. Estos niveles se consideran áreas potenciales de inversión de tendencia.

Identificación de Puntos de Entrada y Salida:

Una vez que se ha identificado un patrón armónico y se han medido los retrocesos y extensiones, los traders buscan puntos de entrada y salida. Los puntos de entrada suelen estar cerca de los niveles de retroceso o extensión de Fibonacci, donde se espera que el precio reaccione. Los puntos de salida suelen ubicarse en niveles de extensión posteriores o en áreas donde se espera que la tendencia se revierta.

Gestión de Riesgos:

La gestión de riesgos es fundamental en el análisis de patrones armónicos. Los traders deben establecer stop loss (órdenes de cierre automático en caso de pérdida) para limitar las pérdidas y take profit (órdenes de cierre automático en caso de ganancia) para asegurar ganancias.

Monitoreo Continuo:

Después de abrir una posición basada en un patrón armónico, es importante monitorear continuamente el mercado para verificar si la operación está siguiendo el patrón previsto y ajustar la estrategia si es necesario.

Condiciones del Mercado:

El análisis de patrones armónicos funciona mejor en mercados que siguen tendencias y que tienen una alta liquidez. No es adecuado para todos los tipos de mercados y puede ser menos efectivo en mercados de baja volatilidad.

Educación y Práctica:

Dominar el análisis de patrones armónicos requiere tiempo y práctica. Los traders deben educarse sobre los patrones, entender cómo se calculan los niveles de Fibonacci y desarrollar la capacidad de identificarlos en los gráficos de precios.

Actualmente las distintas plataformas de inversión ofrecen indicadores y funciones específicas capaces de identificar y trazar patrones armónicos sin necesidad de que el trader lo haga de forma manual.

39. ¿Qué riesgos y beneficios conlleva el uso de estrategias de piramidación versus martingala?

La piramidación es una estrategia que permite a los traders y los inversores aumentar gradualmente su exposición a un activo subyacente o una posición en respuesta a señales favorables del mercado. En lugar de entrar en una sola posición con un tamaño fijo, los operadores agregan posiciones adicionales en el mismo activo a medida que el mercado se mueve en la dirección deseada. El objetivo de la piramidación es aprovechar al máximo una tendencia o movimiento de precios en curso y maximizar las ganancias.

Cómo se Realiza la Piramidación:

1. **Establecer una Posición Inicial:** El primer paso es abrir una posición inicial basada en una estrategia o señal de trading. Por ejemplo, un trader puede comprar acciones de una empresa después de un análisis positivo.

2. **Establecer un Punto de Referencia:** Se debe establecer un punto de referencia o un nivel técnico clave en el mercado que, si se alcanza, justificaría agregar una posición adicional. Este nivel debe ser cuidadosamente considerado y puede basarse en análisis técnico, análisis fundamental o cualquier otro método de análisis.

3. **Monitorear la Posición:** Una vez que la posición inicial está abierta, se monitorea el mercado de cerca. Si el precio del activo subyacente se mueve a favor de la posición y alcanza el punto de referencia, se considera agregar una posición adicional.

4. **Agregar Posiciones Adicionales:** Cuando se alcanza el punto de referencia, se agrega una posición adicional del mismo tamaño o de un tamaño proporcional al tamaño original de la posición. Esto aumenta la exposición al activo.

5. **Establecer Nuevos Puntos de Referencia:** Después de agregar una posición adicional, se establece un nuevo punto de referencia para futuras adiciones. Este proceso se repite a medida que el mercado continúa moviéndose en la dirección deseada.

6. **Gestión de Riesgos:** Es fundamental implementar una sólida gestión de riesgos al aplicar la piramidación. Esto incluye el uso de stop loss (órdenes de cierre automático en caso de pérdida) para limitar las pérdidas y take profit (órdenes de cierre automático en caso de ganancia) para asegurar ganancias.

7. **Monitoreo Continuo:** La piramidación requiere un monitoreo constante del mercado. Los operadores deben estar preparados para ajustar sus posiciones o tomar ganancias si la tendencia cambia o se debilita.

8. **Educación y Práctica:** La piramidación es una estrategia avanzada y conlleva riesgos. Los traders deben tener un buen conocimiento del mercado y práctica antes de implementarla en sus operaciones.

Es importante destacar que la piramidación puede ser una estrategia efectiva cuando se utiliza en mercados de tendencia sólida, pero también implica un mayor riesgo, ya que aumenta la exposición a medida que se agregan posiciones. Por lo tanto, es esencial utilizarla con precaución y considerar cuidadosamente la gestión de riesgos.

La estrategia martingala

Es un enfoque de alto riesgo que se ha utilizado en juegos de azar y en algunos casos en el trading. Aunque es importante destacar que no es una estrategia recomendada en el trading financiero debido a su alto riesgo y a menudo conduce a pérdidas sustanciales, aquí te proporcionaré un ejemplo ilustrativo con un lote en el par de divisas EUR/USD, junto con sus posibles beneficios y riesgos:

Ejemplo:

Supongamos un caso hipotético en que un trader decide utilizar la estrategia de la martingala con un lote (100,000 unidades) en el par de divisas EUR/USD.

Inversión Inicial: El trader comienza con una inversión de 100,000 unidades del EUR/USD (1 lote) a un precio de 1.1000.

Pérdida: La operación no se desarrolla como se esperaba, y el precio del EUR/USD cae en lugar de subir. El trader incurre en una pérdida de 10,000 dólares.

Duplicación de la inversión: Siguiendo la estrategia de la martingala, el trader duplica su inversión y coloca otro lote en una nueva operación larga en el EUR/USD. Esto aumenta su posición a 200,000 unidades de EUR/USD.

Pérdida nuevamente: Desafortunadamente, la segunda operación también termina en pérdida, lo que implica una pérdida total de 30,000 dólares (10,000 dólares de la primera operación + 20,000 dólares de la segunda operación).

Beneficios Potenciales:

Recuperación de Pérdidas: Si en algún momento la operación resulta en una ganancia, todas las pérdidas anteriores se recuperan, y el trader obtiene una pequeña ganancia.

Fácil de entender: Es una estrategia que por su facilidad de aplicación resulta muy tentadora de utilizar para los traders principiantes.

Riesgos Significativos:

Aumento Exponencial del Riesgo: La martingala implica duplicar la inversión después de cada pérdida, lo que puede llevar a un rápido aumento del riesgo en caso de una serie de pérdidas consecutivas.

Pérdidas Catastróficas: Si se enfrenta a múltiples pérdidas consecutivas, la martingala puede llevar a pérdidas significativas y agotar rápidamente el capital del trader.

Capital Requerido: A medida que se duplica el tamaño de la inversión, es necesario contar con un capital significativo para continuar con esta estrategia, lo que la hace inadecuada para inversores con recursos limitados.

No es Sostenible a Largo Plazo: La estrategia de la martingala es inherentemente insostenible a largo plazo debido a su naturaleza de duplicación de riesgo. Tarde o temprano, se puede agotar el capital.

Las estrategias basadas en el principio martingala conlleva riesgos significativos y no se recomienda en el trading financiero. En lugar de depender de enfoques arriesgados como este, es fundamental adoptar estrategias de gestión de riesgos sólidas y basadas en análisis fundamentales y técnicos para operar en los mercados de manera más segura y consistente.

40. ¿Cuál es la importancia de la diversificación en el trading?

La diversificación, más que una estrategia, es un principio fundamental en el trading y la inversión que se basa en la idea de distribuir el riesgo entre diferentes activos o instrumentos financieros. Su importancia radica en la reducción de la exposición a riesgos específicos y la protección del capital invertido

Reducción del Riesgo Individual:

Uno de los principales beneficios de la diversificación es la reducción del riesgo asociado a un activo o instrumento financiero individual. Cuando tienes todo tu capital invertido en un solo activo, estás expuesto a los riesgos específicos de ese activo. Si ese activo sufre una caída significativa en su valor, puedes enfrentar pérdidas considerables. La diversificación permite mitigar este riesgo al distribuir el capital en múltiples activos.

Minimización del Riesgo de Eventos Inesperados:

Los eventos inesperados, como noticias económicas negativas, eventos geopolíticos o cambios en la industria, pueden tener un impacto significativo en los activos financieros. La diversificación ayuda a reducir el riesgo asociado con estos eventos impredecibles, ya que es menos probable que afecten a todos los activos en la cartera de manera simultánea.

Potencial para Obtener un Rendimiento Equilibrado:

La diversificación también brinda la oportunidad de obtener un rendimiento equilibrado en la cartera. Si bien algunos activos pueden estar bajo presión en un momento dado, otros pueden estar generando ganancias. Esto ayuda a compensar las pérdidas en ciertas áreas y puede conducir a un rendimiento general más estable.

Adaptación a Diferentes Condiciones del Mercado:

Los mercados financieros pueden experimentar diversas condiciones a lo largo del tiempo, como mercados alcistas, mercados bajistas, periodos de volatilidad y periodos de estabilidad. La diversificación permite adaptarse a estas condiciones, ya que ciertos activos pueden funcionar mejor en un entorno particular.

Protección del Capital:

La diversificación es una forma efectiva de proteger el capital invertido. Al evitar concentrar todo el capital en un solo activo o sector, se reduce el riesgo de sufrir pérdidas devastadoras que puedan agotar la inversión inicial.

Flexibilidad y Oportunidades:

Mantener una cartera diversificada brinda flexibilidad para aprovechar oportunidades de inversión en diferentes clases de activos o sectores. Si una parte de la cartera está generando ganancias, los inversores pueden redirigir capital hacia oportunidades emergentes.

41. ¿Qué son los retrocesos y prolongaciones de Fibonacci y cómo se usan?

El uso de los números de Fibonacci es una estrategia que se basa en el análisis técnico y una herramienta popular entre los traders e inversores para identificar niveles de soporte y resistencia, así como posibles puntos de entrada y salida en los mercados financieros. Se basa en una secuencia matemática llamada "sucesión de Fibonacci" y sus propiedades numéricas. Estos son los conceptos clave relacionados con el uso de Fibonacci en el análisis técnico:

1. **Sucesión de Fibonacci:** Esta es una secuencia matemática en la que cada número es la suma de los dos números anteriores: 0, 1, 1, 2, 3, 5, 8, 13, 21, 34, etc. Esta secuencia tiende a aparecer en muchos aspectos de la naturaleza y la vida cotidiana.

2. **Ratio de Fibonacci:** El ratio de Fibonacci más comúnmente utilizado es el "número áureo" o "phi" (φ), que es

aproximadamente igual a 1.618. Otros ratios importantes incluyen el 0.618 (inverso de φ) y el 0.382 (1 - inverso de φ).

3. **Retrocesos de Fibonacci**: Los traders utilizan los niveles de retroceso de Fibonacci para identificar posibles niveles de soporte y resistencia en un gráfico de precios. Estos niveles se calculan trazando líneas horizontales en el gráfico a niveles específicos basados en los ratios de Fibonacci. Los niveles más comunes son el 38.2%, el 50% y el 61.8%.

4. **Extensión de Fibonacci**: Además de los retrocesos, los traders también utilizan las extensiones de Fibonacci para identificar niveles futuros potenciales de resistencia o proyección de precios. Los niveles de extensión más comunes son el 127.2% y el 161.8%.

5. **Herramienta de Fibonacci**: La mayoría de las plataformas de análisis técnico y gráficos financieros ofrecen una herramienta de retracción y extensión de Fibonacci. El trader selecciona un punto de inicio (por ejemplo, un mínimo o máximo importante en el precio) y un punto final, y la herramienta traza automáticamente los niveles de Fibonacci en el gráfico.

Ejemplo:

Supongamos que estás siguiendo el precio de una acción que ha estado en una tendencia alcista desde $50 hasta $100 y ahora estás buscando oportunidades para entrar en una posición de compra.

Retroceso de Fibonacci:

- Primero, trazas una línea desde el punto de inicio de la tendencia alcista ($50) hasta el punto más alto de la misma ($100).
- Luego, aplicas los niveles de retroceso de Fibonacci, que generalmente son el 38.2%, el 50% y el 61.8%, desde el punto más alto (en este caso, $100) al punto más bajo ($50).
- Los niveles de retroceso de Fibonacci te dan posibles zonas donde el precio podría retroceder antes de continuar su

tendencia alcista. Por ejemplo, si el precio cae al nivel del 38.2% (alrededor de $78), esto podría ser un punto en el que algunos traders esperan que el precio rebote y continúe su ascenso.

Extensión de Fibonacci:

- Supongamos que después de un retroceso, el precio vuelve a subir y supera el punto más alto previo de $100. Ahora, deseas determinar posibles niveles de resistencia futuros.
- Trazas una línea desde el punto de inicio de la tendencia ($50) hasta el nuevo punto más alto ($120) que ha superado el máximo anterior.
- Aplicas los niveles de extensión de Fibonacci, que generalmente son el 100%, el 161.8% y el 261.8%, desde el punto de inicio al nuevo punto más alto ($50 a $120).
- Los niveles de extensión de Fibonacci te dan posibles objetivos de precios futuros. Por ejemplo, si el precio sube al nivel del 161.8% (alrededor de $146), algunos traders podrían considerar esto como un posible punto de venta, ya que el precio ha alcanzado una extensión significativa.

Es importante tener en cuenta que los niveles de Fibonacci son solo una herramienta más en el análisis técnico y no garantizan el éxito en las operaciones. Los traders suelen utilizarlos en conjunto con otros indicadores y análisis para tomar decisiones de inversión. Además, los niveles de Fibonacci son subjetivos y pueden variar según la interpretación del trader, por lo que no todos los traders utilizan los mismos niveles exactos.

III. Gestión de Riesgos en Trading.

42.   ¿Cómo se calcula el riesgo en una operación de trading?

Calcular el riesgo en una operación de trading es esencial para una gestión de riesgos efectiva. Los traders deben determinar cuánto están dispuestos a arriesgar en una operación y cómo gestionarán ese riesgo en caso de que la operación no se desarrolle como se esperaba.

Paso 1: Tamaño de la Posición

El primer paso para calcular el riesgo es determinar el tamaño de la posición que se va a tomar en la operación. El tamaño de la posición se refiere a la cantidad de activo que se compra o vende en la operación. Esto se calcula teniendo en cuenta varios factores, incluyendo: • El tamaño de la cuenta de trading.

- El porcentaje del capital que se está dispuesto a arriesgar en una sola operación.
- La distancia entre el punto de entrada y el punto de stop loss (la cantidad máxima que se está dispuesto a perder en la operación).

Por ejemplo, si tienes una cuenta de $10,000 y estás dispuesto a arriesgar el 2% de tu capital en una operación, tu tamaño de posición se calcula de la siguiente manera:

Tamaño de la posición = (Capital total * Porcentaje de riesgo) / Distancia al stop loss

Paso 2: Definir el Stop Loss

El stop loss es el nivel de precio en el que estás dispuesto a cerrar la operación si el mercado se mueve en tu contra. Este nivel se establece en función de tu análisis técnico y de tu estrategia de trading. El stop loss es crucial para limitar las pérdidas y calcular el riesgo, ya que determina cuánto podrías perder si la operación no funciona.

Paso 3: Calcular el Riesgo en la Operación

Una vez que tienes el tamaño de la posición y el nivel de stop loss, puedes calcular el riesgo en la operación. El riesgo se calcula como la diferencia entre el precio de entrada y el nivel de stop loss, multiplicado por el tamaño de la posición. La fórmula es:

Riesgo = (Precio de entrada - Nivel de stop loss) * Tamaño de la posición

Por ejemplo, si estás operando con acciones y compras a $50 por acción y tu stop loss está a $48, y tu tamaño de posición es de 100 acciones, el riesgo sería:

Riesgo = ($50 - $48) * 100 = $200

Esto significa que estarías arriesgando $200 en esta operación.

Paso 4: Establecer un Límite de Riesgo

Es importante tener un límite de riesgo en mente antes de realizar la operación. Esto determinará cuándo debes abandonar la operación si las cosas no van como se esperaba. Por ejemplo, si estás dispuesto a arriesgar un máximo de $300 por operación, entonces tu límite de riesgo sería de $300. Si el cálculo de riesgo en la operación es mayor que tu límite de riesgo, debes ajustar el tamaño de la posición o reevaluar la operación.

Paso 5: Seguir la Gestión de Riesgos

Una vez que has calculado y establecido el riesgo en la operación, es crucial seguir la gestión de riesgos en cada operación. Esto implica ejecutar el stop loss si el mercado se mueve en tu contra y no exceder tu límite de riesgo predeterminado. La gestión de riesgos disciplinada es esencial para proteger tu capital y tener éxito en el trading a largo plazo.

43.   ¿Qué es el slippage y cómo se puede controlar?

El slippage es un fenómeno común en el trading que ocurre cuando el precio al que se ejecuta una operación es diferente al precio al que se esperaba que se ejecutara. Por lo general, esto se debe a la volatilidad del mercado y la falta de liquidez en ciertos momentos.

El slippage, en términos sencillos, se refiere a la diferencia entre el precio deseado de entrada o salida de una operación y el precio real al que se ejecuta. Esto puede ocurrir en cualquier tipo de operación financiera, ya sea en el mercado de acciones, divisas, commodities o futuros.

Existen dos tipos principales de slippage:

- **Slippage Positivo:** En ocasiones, el slippage puede ser favorable para el trader. Esto significa que la operación se ejecuta a un precio mejor del que se esperaba. Por ejemplo, si intentas comprar una acción a $50 y debido a la volatilidad del mercado, la operación se ejecuta a $49.90, has experimentado un slippage positivo.
- **Slippage Negativo:** El slippage negativo es más común y se produce cuando la operación se ejecuta a un precio peor del que se esperaba. Por ejemplo, si intentas vender una divisa a $1.00 y debido a la volatilidad, la operación se ejecuta a $0.99, has experimentado un slippage negativo.

¿Por Qué Ocurre el Slippage?

El slippage ocurre debido a varios factores:

- **Volatilidad del Mercado:** En momentos de alta volatilidad, los precios pueden moverse rápidamente, lo que dificulta que las operaciones se ejecuten al precio deseado.
- **Falta de Liquidez:** En mercados con poca liquidez, puede haber menos participantes y menos órdenes disponibles al precio deseado, lo que aumenta la probabilidad de slippage.

- **Retrasos en la Ejecución:** En algunos casos, los retrasos en el sistema del broker para la ejecución de órdenes pueden dar lugar al slippage. *¿Cómo se Puede Controlar el Slippage?*

Aunque no se puede eliminar por completo, el slippage se puede controlar y mitigar en cierta medida:

- **Usa Órdenes Limitadas:** Utiliza órdenes limitadas en lugar de órdenes de mercado siempre que sea posible. Las órdenes limitadas te permiten especificar un precio máximo al que estás dispuesto a comprar o un precio mínimo al que estás dispuesto a vender.
- **Evita Horas de Mayor Volatilidad:** El slippage tiende a ser más común durante las horas de mayor volatilidad del mercado. Evita operar en momentos de anuncios económicos importantes o eventos que puedan causar movimientos bruscos de precios.
- **Elige un Bróker Confiable:** Trabaja con un bróker confiable y de buena reputación que ofrezca ejecución rápida y transparente de órdenes.

44. ¿Qué significa la regla del 2% y cómo se aplica en la gestión de riesgos?

La regla del 2% establece que el riesgo máximo que debes asumir en cualquier operación no debe superar el 2% de tu capital total de trading. Esto significa que, si tienes una cuenta de trading con un saldo de $10,000, no deberías arriesgar más de $200 (2% de $10,000) en una sola operación.

¿Cómo se aplica la regla del 2% en la gestión de riesgos?

La aplicación de la regla del 2% implica los siguientes pasos:

1. **Calcular el Riesgo en la Operación:** Antes de realizar una operación, debes determinar cuánto estás dispuesto a arriesgar en esa operación. Esto se hace generalmente al

establecer un nivel de stop loss, que es el punto en el que cerrarás la operación si el mercado se mueve en tu contra. El tamaño de tu posición se basará en este nivel de stop loss.

2. **Calcular el Tamaño de la Posición:** Para calcular el tamaño de la posición, como ya vimos anteriormente (apartado 42), debes dividir el riesgo máximo permitido (2% de tu capital) por la distancia entre tu punto de entrada y el stop loss. La fórmula es:

Tamaño de la Posición = (Riesgo Máximo / Diferencia entre Precio de Entrada y Stop Loss)

Ejemplo:

Determina el Riesgo Máximo Permitido: El 2% de tu capital total de $20,000 es igual a $400. Esto significa que no debes perder más de $400 en esta operación.

Establece un Stop Loss: Antes de abrir la operación, decides establecer un nivel de stop loss para limitar tus pérdidas. Supongamos que el precio actual de las acciones es de $50 por acción, y estableces un stop loss a $48 por acción.

Calcula el Riesgo por Acción: El riesgo por acción es la diferencia entre el precio de entrada y el stop loss. En este caso, sería $50 - $48 = $2 por acción.

Calcula el Tamaño de la Posición: Para calcular el tamaño de la posición que debes tomar, divide el riesgo máximo permitido ($400) por el riesgo por acción ($2):

Tamaño de la Posición = Riesgo Máximo Permitido / Riesgo por Acción

Tamaño de la Posición = $400 / $2 = 200 acciones.

Esto significa que puedes comprar 200 acciones de la empresa sin arriesgar más del 2% de tu capital.

3. **Ejecutar la Operación:** Una vez que hayas calculado el tamaño de la posición, puedes ejecutar la operación con confianza, sabiendo que estás arriesgando solo el 2% de tu capital.

La regla del 2% es una estrategia de gestión de riesgos fundamental en el trading porque ayuda a proteger tu capital y a evitar pérdidas significativas en una sola operación. Al seguir esta regla, los traders pueden mantener una disciplina financiera y reducir la probabilidad de agotar su cuenta con pocas operaciones de elevadas pérdidas. En definitiva, permite continuar operando en el mercado durante más tiempo por lo que aumentan las probabilidades de tener éxito en más operaciones favorables.

45. ¿Cómo se evita el overtrading?

El overtrading ocurre cuando realizas un número excesivo de operaciones en un período de tiempo corto o cuando arriesgas una parte significativa de tu capital en una sola operación. Evitar el overtrading es crucial para mantener una gestión de riesgos efectiva y preservar tu capital en el trading. Evitar el overtrading requiere práctica y autocontrol. Siguiendo estos pasos y manteniendo la disciplina, puedes reducir significativamente la probabilidad de caer en la trampa del overtrading.

1. *Establece un Plan de Trading:*

   • Antes de comenzar a operar, desarrolla y cumple a rajatabla un plan de trading sólido que incluya tus objetivos, estrategias, límites de riesgo y reglas claras para las operaciones.
   • Define cuántas operaciones deseas realizar en un día o semana y cuánto estás dispuesto a arriesgar en cada operación.

2. *Utiliza un Calendario Económico:*

- Mantente al tanto de los eventos económicos y anuncios que puedan afectar a los mercados. Un calendario económico te ayudará a evitar operar en momentos de alta volatilidad.
- Evita operar justo antes o después de importantes comunicados de prensa, a menos que tengas una estrategia específica para lidiar con la volatilidad.

3. *Establece Límites de Pérdida y Ganancia:*

- Define niveles de stop loss y take profit para cada operación. Estos límites te ayudarán a controlar las pérdidas y las ganancias.
- Si alcanzas tu límite de pérdida diario o semanal, deja de operar por ese período para evitar tomar decisiones impulsivas.

4. *Usa Órdenes Pendientes:*

- En lugar de monitorear constantemente los mercados y abrir operaciones a discreción, considera el uso de órdenes pendientes.
- Las órdenes pendientes te permiten establecer puntos de entrada y salida específicos y se ejecutan automáticamente cuando se alcanzan esos niveles. De esta forma tu trading se tranquilizará.

5. *Lleva un Registro de tus Operaciones:*

- Mantén un registro detallado de todas tus operaciones, incluyendo el motivo de entrada, el tamaño de la posición y los resultados.
- Analiza regularmente tu historial de operaciones para identificar patrones de overtrading y tomar medidas para corregirlos.

6. *Establece un Horario de Trading:*

- Define un horario específico para operar y respétalo. Evita estar frente a las pantallas todo el día, ya que esto puede aumentar la tentación de operar en exceso.
- El trading intradía puede ser particularmente propenso al overtrading, así que establece límites de tiempo para tus sesiones de trading.

7. *Practica la Disciplina y el Autocontrol:*

- La disciplina y el autocontrol son fundamentales para evitar el overtrading. Antes de abrir una operación, pregúntate si estás siguiendo tu plan de trading y si la operación cumple con tus reglas.
- Si sientes la urgencia de operar o te encuentras emocionalmente afectado por las pérdidas, considera tomar un descanso.

8. *Utiliza un Tamaño de Posición Adecuado:*

- Calcula el tamaño de posición de acuerdo con tu riesgo máximo permitido y el tamaño de tu cuenta. No arriesgues más de lo que estás dispuesto a perder en una sola operación.

9. *Aprende a Decir "No" a Operaciones Marginales:*

- No todas las oportunidades de trading son iguales. Aprende a reconocer cuándo una operación no cumple con tus criterios y ten la disciplina para dejarla pasar.

10. *Evalúa Constantemente tu Desempeño:*

- Realiza evaluaciones regulares de tu desempeño y ajusta tu enfoque de trading según lo que funcione mejor para ti. Aprende de tus errores y éxitos.

46. ¿Cuál es la importancia de establecer límites de pérdida?

Establecer límites de pérdida es de vital importancia en el trading por varias razones fundamentales:

Protección del Capital:

- Cuando estableces un límite de pérdida, estás definiendo cuánto estás dispuesto a perder en una operación antes de cerrarla. Esto protege tu capital de sufrir pérdidas excesivas que puedan agotar tu cuenta por completo.

Control Emocional:

- Los traders pueden verse afectados por emociones como la codicia y el miedo. Sin límites de pérdida, es más probable que te aferres a una operación perdedora en la esperanza de que se recupere, lo que puede llevar a pérdidas aún mayores.

Gestión de Riesgos:

- Establecer límites de pérdida es una parte esencial de una estrategia sólida de gestión de riesgos. Te permite controlar cuánto riesgo asumes en cada operación y en tu cartera en general.

Disciplina y Consistencia:

- Establecer límites de pérdida fomenta la disciplina y la consistencia en tu enfoque de trading. Te ayuda a seguir un plan de trading y a mantener una estrategia coherente en lugar de operar de manera aleatoria.

Evaluación y Mejora:

- Al tener límites de pérdida predefinidos, puedes evaluar tus operaciones y analizar tu desempeño de manera más efectiva. Esto te permite identificar áreas de mejora y ajustar tu estrategia en consecuencia.

Ejemplo:

Imagina que tienes una cuenta de trading con un capital inicial de $10,000. Decides arriesgar el 2% de tu capital en cada operación, lo que equivale a $200. Sin embargo, en una operación, no estableces un límite de pérdida y permites que la operación caiga un 50%, lo que significa una pérdida de $5,000.

Ahora te enfrentas a una difícil tarea: necesitas recuperar el 100% de esa pérdida para volver a tu capital inicial de $10,000. Pero recuperar $5,000 es mucho más difícil que mantener tu capital inicial o recuperar una pérdida menor.

La recuperación de grandes pérdidas requiere un rendimiento excepcional y puede llevar mucho tiempo. Además, el impacto emocional de una pérdida significativa puede nublar tu juicio y llevar a tomar decisiones arriesgadas en un intento desesperado de recuperarte.

En la siguiente tabla se muestra cómo el porcentaje de pérdida inicial se traduce en un porcentaje teórico necesario para recuperar el capital inicial

Pérdida %	Recuperación %
1%	1,01%
5%	5,26%
10%	11,11%
20%	25%
30%	42,86%
40%	66,67%
50%	100%
60%	150%
70%	233,33%
80%	400%

Esta tabla ilustra la importancia de establecer límites de pérdida para evitar pérdidas significativas que puedan ser difíciles de recuperar.

En esta tabla se observa que a medida que el porcentaje de pérdida inicial aumenta, el porcentaje necesario para recuperar el capital inicial se incrementa de manera significativa como ocurría en el ejemplo anterior.

47. ¿Cuándo es apropiado utilizar el trailing stop?

El trailing stop (stop móvil o stop dinámico) es una herramienta útil en el trading que te permite mover el stop loss y proteger las ganancias a medida que una operación se mueve a tu favor. Su uso apropiado depende de tu estrategia y de tus objetivos en el trading, por ejemplo:

Cuando quieres asegurar ganancias en una operación rentable: El trailing stop es ideal cuando tienes una operación abierta que está generando ganancias y quieres asegurarte de que esas ganancias se mantengan en caso de que el mercado cambie de dirección. Esto te permite "bloquear" las ganancias a medida que la operación avanza.

Cuando estás siguiendo una tendencia: El trailing stop es especialmente efectivo cuando estás operando en una tendencia fuerte. Te permite mantener una operación abierta mientras la tendencia continúa a tu favor y proteger las ganancias en caso de una reversión de la tendencia.

Cuando quieres automatizar la gestión de la operación: El trailing stop es especialmente útil si no puedes seguir de cerca tus operaciones en todo momento. Al establecer un trailing stop, puedes automatizar parte de la gestión de la operación y reducir la necesidad de monitoreo constante.

Ejemplo: Imagina que compraste acciones de una empresa a $50 por acción y el precio sube a $60. Estás obteniendo una ganancia de $10 por acción. Si estableces un trailing stop de $5, el stop se moverá automáticamente a medida que el precio suba. Si el precio luego cae $5 desde su punto máximo ($60 - $5 = $55), la operación se cerrará automáticamente, asegurando una ganancia de al menos $5 por acción.

48. ¿Cuál es el riesgo de los gaps con los stop loss en trading?

El riesgo de los gaps con los stops loss en trading es una consideración importante que los traders deben comprender para gestionar adecuadamente su exposición al mercado. Los gaps, que son movimientos abruptos en el precio de un activo entre dos sesiones de trading, pueden afectar la ejecución de las órdenes de stop loss de la siguiente manera:

Gaps en Aperturas de Mercado: Los gaps son especialmente comunes en las aperturas de mercado, como cuando el mercado se reabre después de un fin de semana o un período de vacaciones. Durante estos momentos, los precios pueden moverse bruscamente debido a eventos inesperados o cambios en el sentimiento del mercado.

Pérdidas Imprevistas: Los gaps pueden llevar a pérdidas imprevistas para los traders que no estén preparados. Esto puede ser especialmente problemático si se utilizan niveles de apalancamiento significativos en las operaciones, ya que los gaps pueden amplificar las pérdidas.

Ejecución Desfavorable: Cuando se produce un gap en contra de una posición, puede dar lugar a una ejecución desfavorable de la orden de stop loss. Esto significa que la orden se ejecuta a un precio mucho peor del que se había establecido como nivel de stop loss. Esto puede resultar en pérdidas mayores de lo esperado.

Ejemplo: Supongamos que tienes una posición de compra en un activo a $100 y colocas un stop loss en $95 para limitar las pérdidas. Durante la noche, se anuncia una noticia negativa que causa un gap de apertura en $90. En este caso, tu orden de stop loss se ejecutaría a $90 en lugar de $95, lo que resulta en una pérdida mayor de lo previsto.

Cómo Gestionar el Riesgo de Gaps con Stops Loss:

- **Gestión periódica de los stop loss:** Consiste en la colocación de los stop loss en cada inicio de sesión y en quitarlos cada vez que el mercado va a cerrar, o va a estar un periodo prolongado cerrado. Puede ser con frecuencia diaria o semanal.
- **Trabajar con stop-loss mentales:** Los trader más experimentados no colocan ordenes de stop-loss sino que mentalmente tienen claro cuál es el límite de pérdidas que están dispuestos a soportar y gestionan las posiciones cuando llegan a las zonas críticas de precios.
- **Ajustar el Tamaño de Posición:** Es posible reducir el tamaño de posición en activos o mercados que tienen un historial de gaps frecuentes y volatilidad extrema.
- **Utilizar una Estrategia de Gestión de Riesgos Sólida:** En general, una estrategia de gestión de riesgos sólida que incluye límites de pérdida y un tamaño de posición adecuado es esencial para proteger el capital en todas las circunstancias, incluyendo situaciones de gaps.

49.   ¿Qué es el rebalanceo de cartera y cuándo se aplica?

El rebalanceo de cartera es una estrategia utilizada en la gestión de inversiones para mantener la distribución deseada de activos en una cartera de inversión a lo largo del tiempo. Se aplica cuando la proporción de activos en la cartera se desvía significativamente de los objetivos originales debido a cambios en el valor de los activos. La proporción de activos se refiere a la distribución porcentual de diferentes tipos de activos (como acciones, bonos, efectivo, etc.) en una cartera.

¿Cuándo se Aplica el Rebalanceo de Cartera?

El rebalanceo de cartera se aplica en los siguientes escenarios:

- **Desviación de la Asignación Objetivo:** Cuando los cambios en el valor de los activos hacen que la asignación de activos en la cartera se desvíe significativamente de los objetivos originales. Por ejemplo, si inicialmente tenías un 60% de acciones y un 40% de bonos, pero debido al rendimiento, ahora tienes un 70% de acciones y un 30% de bonos, es necesario rebalancear.

- **Cambios en Objetivos de Riesgo o Horizonte de Inversión:** Cuando tus objetivos de riesgo o tu horizonte de inversión cambian, puede ser necesario ajustar la asignación de activos para que coincida con estos cambios.

- **Eventos de la Vida:** Cambios en tu situación financiera, como un cambio en tu tolerancia al riesgo debido a la edad o eventos importantes de la vida (como un matrimonio, nacimiento de hijos, jubilación), pueden requerir ajustes en la cartera.

Proceso de Rebalanceo de Cartera:

El proceso de rebalanceo generalmente sigue estos pasos:

- **Evaluar la Asignación Actual:** Determina la asignación actual de activos en tu cartera. Esto implica calcular el porcentaje de cada tipo de activo en relación con el valor total de la cartera.

- **Comparar con la Asignación Objetivo:** Compara la asignación actual con los objetivos originales o los nuevos objetivos definidos según tu situación.

- **Identificar Desviaciones Significativas:** Si la desviación de la asignación es significativa (por ejemplo, si se desvía en más del 5% de los objetivos), considera el rebalanceo.

- **Decidir Cómo Rebalancear:** Decide si debes comprar o vender activos para restaurar la asignación deseada. Esto puede implicar vender activos que han aumentado en valor y comprar activos que han disminuido.

- **Implementar el Rebalanceo:** Lleva a cabo las operaciones necesarias para ajustar la cartera. Esto puede implicar la compra o venta de activos en función de tus decisiones anteriores.

- **Monitorear Regularmente:** La gestión de cartera es un proceso continuo. Monitorea regularmente la asignación de activos y considera el rebalanceo según sea necesario.

El rebalanceo de cartera ayuda a mantener el riesgo bajo control y a asegurarse de que la cartera siga siendo coherente con tus objetivos financieros y tolerancia al riesgo. También puede ser una estrategia efectiva para comprar activos infravalorados y vender activos sobrevalorados en el mercado.

50. ¿Qué es la correlación entre activos y cómo afecta a la gestión de riesgos?

La correlación entre activos es una medida estadística que evalúa la relación entre los movimientos de precio de dos o más activos financieros.

Esta medida varía entre -1 y 1, y su valor indica la fuerza y la dirección de la relación entre los activos.

- **Correlación Positiva (0 a 1):** Cuando la correlación es positiva, significa que los activos se mueven en la misma dirección. Si uno sube, el otro también tiende a subir, y si uno baja, el otro tiende a bajar. Una correlación de 1 indica una relación perfectamente positiva, lo que significa que los activos siempre se mueven juntos.
- **Correlación Negativa (-1 a 0):** Cuando la correlación es negativa, significa que los activos se mueven en direcciones opuestas. Si uno sube, el otro tiende a bajar, y viceversa. Una correlación de -1 indica una relación perfectamente negativa, lo que significa que los activos siempre se mueven en direcciones opuestas.
- **Correlación Nula (0):** Una correlación de 0 indica que no hay relación aparente entre los activos. Sus movimientos de precio no están relacionados.

La correlación entre activos es fundamental en la gestión de riesgos por varias razones:

1. **Diversificación de la cartera:**

La correlación puede ayudar a los inversores y traders a construir carteras diversificadas. Si los activos tienen una correlación baja o negativa, sus movimientos pueden compensarse entre sí, lo que reduce el riesgo total de la cartera. La diversificación es una estrategia para reducir el riesgo sin sacrificar necesariamente el potencial de ganancias.

2. **Gestión de riesgos:**

Comprender la correlación entre activos permite a los inversores evaluar cómo se comportará su cartera en diferentes condiciones de mercado. Si todos los activos están altamente correlacionados, la cartera podría ser más vulnerable a grandes movimientos en una sola dirección. Por otro lado, una cartera con activos correlacionados negativamente podría ser más resistente a la volatilidad del mercado.

3. **Hedging (cobertura):**

Los inversores y traders pueden utilizar activos correlacionados negativamente como una forma de cobertura. Si tienen una inversión larga en un activo y quieren protegerse contra una caída en su precio, pueden tomar una posición corta en un activo correlacionado negativamente. Esto puede reducir el riesgo de pérdida en caso de un movimiento adverso en el activo principal.

La correlación entre activos permite a los inversores y traders construir carteras equilibradas, tomar decisiones sobre la diversificación y la cobertura, y comprender cómo sus inversiones pueden comportarse en diferentes condiciones de mercado.

51.   ¿En qué consisten las estrategias basadas en la ratio riesgo/beneficio?

Las estrategias basadas en la ratio riesgo/beneficio son un enfoque que se centra en evaluar y gestionar adecuadamente el equilibrio entre el riesgo asumido y la posible recompensa en una operación o cartera. Estas estrategias se utilizan para tomar decisiones sobre cuándo entrar, salir o mantener posiciones en los mercados financieros.

Concepto de la Ratio Riesgo/Beneficio:

También conocido como relación riesgo/recompensa o R/R, es una medida que compara la cantidad de riesgo que estás dispuesto a asumir en una operación con la recompensa potencial que esperas obtener. Se expresa generalmente como una proporción o fracción. Por ejemplo, una ratio riesgo/beneficio de 1:2 significa que estás dispuesto a arriesgar $1 para obtener una recompensa potencial de $2.

Cómo Funcionan las Estrategias Basadas en el Ratio Riesgo/Beneficio:

1. **Definir los Niveles de Entrada y Salida:** El primer paso en una estrategia basada en la ratio riesgo/beneficio es definir los niveles de entrada (donde abrirás una posición) y los niveles de salida (donde cerrarás la posición, ya sea para obtener ganancias o limitar pérdidas).

2. **Calcular el Riesgo y la Recompensa:** Una vez que hayas establecido los niveles de entrada y salida, puedes calcular el riesgo y la recompensa potencial de la operación. Esto implica determinar cuánto estás dispuesto a perder si la operación va en contra de ti (riesgo) y cuánto esperas ganar si la operación se desarrolla a tu favor (recompensa).

3. **Establecer el Ratio Riesgo/Beneficio Deseado:** Decide cuál debe ser la ratio riesgo/beneficio deseado para la operación. Esto dependerá de tu tolerancia al riesgo y tus objetivos. Algunos traders prefieren ratios de 1:1, mientras que otros buscan ratios más favorables, como 1:2 o 1:3.

4. **Gestionar la Posición:** Una vez que abras la posición, es importante seguir de cerca el desarrollo del mercado. Si el precio alcanza el nivel de salida que has definido para obtener ganancias o limitar pérdidas, debes actuar de acuerdo a tu plan.

Ventajas de las Estrategias Basadas en el Ratio Riesgo/Beneficio:

- **Gestión de Riesgos Efectiva:** Estas estrategias te permiten gestionar el riesgo de manera efectiva al establecer niveles de pérdida máxima desde el principio.
- **Enfoque Disciplinado:** Al tener un plan concreto que incluye la ratio riesgo/beneficio, se promueve la disciplina y se evitan decisiones impulsivas.
- **Mejora la Rentabilidad a Largo Plazo:** Mantener una ratio riesgo/beneficio favorable puede ayudar a mejorar la rentabilidad a largo plazo, incluso si no todas las operaciones son ganadoras.
- **Mayor Claridad en las Decisiones:** Tener un plan basado en la ratio riesgo/beneficio proporciona una mayor claridad y objetividad al tomar decisiones de trading.

Estas estrategias te permiten establecer límites claros y racionales para tus operaciones, lo que puede conducir a una gestión de riesgos más efectiva y a un enfoque disciplinado en los mercados financieros.

IV. Principales Catalizadores del Mercado: Eventos Económicos y Magnitudes Macro en el Trading

Los traders más inexpertos suelen centrarse en el estudio de indicadores, estrategias y patrones sin prestar demasiada atención a este tipo de noticias y eventos económicos. Eso es un gran error porque son estos datos los que actuan como catalizadores del mercado originando tendencias hacia una dirección u otra, más o menos duraderas en el tiempo. Estos datos y, sobre todo, sus efectos en el mercado son impredecibles. Por eso, sirva esta introducción como aviso para prestar especial atención a las noticias y al calendario económico en el que se publican los datos macro más relevantes.

52.   Anuncios de Bancos Centrales y Publicación Actas del FOMC

Los Anuncios de Bancos Centrales:

Son eventos clave que pueden tener un impacto significativo en el trading y en las cotizaciones de los mercados financieros. Estos anuncios se refieren a las decisiones de política monetaria tomadas por los bancos centrales de los países, como la Reserva Federal de Estados Unidos, el Banco Central Europeo, el Banco de Japón, entre otros.

1.   **Tasas de Interés:** Los bancos centrales anuncian cambios en las tasas de interés de referencia. Un aumento en las tasas de interés generalmente se interpreta como una señal de que la economía es sólida y puede llevar a una apreciación de la moneda local. Esto suele ocurrir en entornos inflacionarios. Por otro lado, una reducción de las tasas de interés puede debilitar la moneda. Suele producirse en momentos de crisis donde se busca reactivar la economía. Los traders de divisas (forex) observan de cerca estos anuncios, ya que pueden afectar la cotización de las monedas.

2.   **Influencia en los Mercados de Renta Fija:** Los anuncios de cambios en las tasas de interés también afectan los mercados de bonos y deuda. Un aumento de tasas puede provocar caídas en los precios de los bonos, lo que afecta a los rendimientos. Los bonos ya existentes con tasas de interés más bajas se vuelven menos atractivos en

comparación con los nuevos bonos con tasas más altas. Como resultado, los inversores pueden vender los bonos existentes en el mercado secundario por lo que aumenta la oferta de bonos antiguos y disminuye su demanda, así pues, caerá su precio. Los traders de bonos siguen estos anuncios para tomar decisiones en sus carteras.

3. **Acciones:** Los anuncios de bancos centrales pueden influir en los mercados de valores. Por ejemplo, un aumento de tasas de interés puede generar preocupaciones sobre los costos de financiamiento de las empresas, lo que puede llevar a una disminución en los precios de las acciones. Por el contrario, una reducción de tasas puede impulsar los precios de las acciones.

4. **Volatilidad en el Mercado:** Los anuncios de bancos centrales a menudo generan volatilidad en los mercados financieros. Los traders pueden experimentar movimientos bruscos en los precios de los activos en respuesta a estas noticias. Por lo tanto, es un momento en el que se deben tomar precauciones adicionales, como establecer stop loss y take profit.

5. **Expectativas del Mercado:** Además de la decisión en sí, los traders también prestan atención a las declaraciones y comentarios de los funcionarios de los bancos centrales. Las pistas sobre futuros movimientos de tasas o cambios en la política económica pueden influir en las expectativas del mercado y las decisiones comerciales.

6. **Reacciones Diferentes:** Es importante destacar que las reacciones a los anuncios de bancos centrales pueden variar según las expectativas del mercado. Si una decisión coincide con lo que se esperaba, es posible que el impacto en los mercados sea limitado. Sin embargo, si la decisión es inesperada, la volatilidad puede ser mucho mayor.

¿Qué son las actas del FOMC?

Las actas del FOMC son documentos que resumen las discusiones y deliberaciones que tienen lugar en las reuniones del Comité Federal de Mercado Abierto. El FOMC es el brazo de la Reserva Federal encargado de tomar decisiones sobre la política monetaria de los

Estados Unidos, incluyendo las tasas de interés y otras medidas para influir en la economía.

1.   **Contenido de las actas:** Las actas del FOMC proporcionan detalles sobre las discusiones entre los miembros del comité, incluyendo sus puntos de vista sobre la economía, los riesgos y las decisiones de política monetaria. Esto puede incluir datos sobre las tasas de interés, la inflación, el empleo y otros factores económicos clave.

2.   **Publicación de las actas:** Las actas se publican aproximadamente tres semanas después de cada reunión del FOMC. Aunque no ofrecen un registro palabra por palabra de las discusiones, proporcionan una visión detallada de las opiniones y consideraciones del comité. Esta transparencia es importante para que los inversores, analistas y el público en general comprendan la dirección futura de la política monetaria.

3.   **Impacto en los mercados:** La publicación de las actas del FOMC a menudo tiene un impacto significativo en los mercados financieros. Los inversores estudian estas actas en busca de pistas sobre futuras decisiones de tasas de interés y cambios en la política monetaria. Si las actas sugieren un tono más "hawkish" (inclinado a un endurecimiento de la política monetaria), los inversores pueden anticipar aumentos de tasas de interés, lo que puede afectar a los mercados de bonos y acciones. Por otro lado, un tono más "dovish" (inclinado a mantener una postura acomodaticia) puede influir en sentido contrario.

4.   **Importancia de las actas:** Las actas del FOMC son una herramienta clave para la transparencia y la comunicación de la Reserva Federal. Permiten al público y a los mercados tener una comprensión más clara de cómo los responsables de la política monetaria ven la economía y cómo planean responder a los desafíos económicos. Estas actas son una parte fundamental del proceso de toma de decisiones de la Reserva Federal y de su compromiso con una política monetaria efectiva y transparente.

53. PIB (Producto Interior Bruto)

Los traders y los inversores prestan mucha atención al PIB y a su publicación debido a su influencia en los mercados.

¿Qué es el PIB? El PIB es una medida que cuantifica el valor total de todos los bienes y servicios producidos en una economía durante un período de tiempo específico, por lo general, un trimestre o un año. Puede considerarse como una medida del tamaño y la actividad económica de un país. El PIB se divide en tres categorías:

- **PIB Nominal:** El valor total de los bienes y servicios a precios corrientes (los precios actuales en el período medido).

- **PIB Real:** El valor total de los bienes y servicios ajustados por inflación, lo que permite una comparación más precisa a lo largo del tiempo.

- **PIB Per Cápita:** El PIB total dividido por la población, que proporciona una estimación del ingreso promedio por persona en un país.

Relevancia en el Trading: El PIB es relevante para el trading por varias razones:

1. **Indicador de Salud Económica:** El PIB refleja el crecimiento económico o la contracción de una economía. Un PIB en crecimiento se considera una señal de una economía saludable, mientras que un PIB en declive puede indicar problemas económicos.

2. **Impacto en las Políticas Monetarias:** Los bancos centrales a menudo utilizan el PIB como parte de su análisis para tomar decisiones sobre tasas de interés y políticas monetarias. Un PIB más fuerte puede influir en las expectativas de tasas de interés.

3. **Influencia en los Mercados de Valores:** El rendimiento de los mercados de valores puede estar relacionado con el crecimiento económico. Un PIB fuerte puede impulsar la

confianza de los inversores y llevar a aumentos en los precios de las acciones.

4. **Impacto en el Mercado de Divisas:** Las tasas de interés y el crecimiento económico pueden influir en el valor de una moneda en relación con otras. Un PIB más fuerte puede llevar a una apreciación de la moneda local.

5. **Expectativas del Mercado:** Los traders y los inversores siguen de cerca las cifras del PIB y las comparan con las expectativas del mercado. Si el PIB supera las expectativas, puede influir positivamente en los mercados.

6. **Decisiones de Inversión:** Los resultados del PIB pueden influir en las decisiones de inversión de los traders y los inversores, especialmente en cuanto a la asignación de activos y las estrategias de cartera.

54. Empleo y Tasa de Desempleo

El empleo y la tasa de desempleo son dos indicadores económicos fundamentales que proporcionan información sobre la situación laboral de una población en un país o región en un momento dado.

Empleo:

• El empleo se refiere al número de personas que tienen trabajo remunerado en una economía en un momento específico. Esto incluye a todas las personas que están ocupadas y reciben un salario por sus actividades laborales. El empleo se divide a menudo en categorías como empleo a tiempo completo, empleo a tiempo parcial y empleo por sector económico (por ejemplo, empleo en el sector manufacturero, en el sector de servicios, etc...)

Tasa de Desempleo:

• La tasa de desempleo es un indicador que mide el porcentaje de personas en la población activa que no tienen empleo y están buscando trabajo activamente. La población activa incluye a todas las personas en edad y disposición de trabajar. La fórmula para calcular la tasa de desempleo es la siguiente:

Tasa de Desempleo = (Número de Desempleados / Población Activa) x 100

Donde: o "Número de Desempleados" es la cantidad de personas sin empleo y buscando trabajo. o "Población Activa" es la suma de personas empleadas y desempleadas.

Importancia:

Estos indicadores son de vital importancia en la economía y tienen un impacto significativo en diversos aspectos, incluyendo el trading y los mercados financieros:

- **Indicadores de la Salud Económica:** El empleo y la tasa de desempleo ofrecen una instantánea de la salud económica de un país. Un alto empleo y una tasa de desempleo baja generalmente indican una economía fuerte y viceversa.

- **Influencia en las Políticas Monetarias:** Los bancos centrales utilizan estos indicadores para tomar decisiones sobre tasas de interés y políticas monetarias. Un mercado laboral sólido puede influir en las expectativas de tasas de interés.

- **Impacto en la Confianza del Consumidor:** El nivel de empleo afecta directamente al poder adquisitivo de las personas y a su confianza para gastar e invertir. Un mercado laboral fuerte a menudo se traduce en una mayor confianza del consumidor.

- **Volatilidad en los Mercados:** La publicación de datos de empleo, como el Informe de Nóminas No Agrícolas en EE. UU., puede generar volatilidad en los mercados financieros, ya que los traders reaccionan a las cifras de empleo inesperadas.

55. Inflación y Índices de Precios al Consumidor (IPC)

La inflación y los Índices de Precios al Consumidor (IPC) son conceptos económicos que reflejan el aumento generalizado de los precios de los bienes y servicios en una economía.

1. Inflación:

La inflación es el aumento sostenido y generalizado en el nivel de precios de bienes y servicios en una economía durante un período de tiempo prolongado. En otras palabras, la inflación significa que, en promedio, los precios de los productos y servicios tienden a subir con el tiempo. La inflación se mide típicamente en términos de un porcentaje anual.

Importancia de la Inflación:

La inflación es un indicador clave de la salud económica de un país y tiene un impacto significativo en la vida de las personas y en las decisiones económicas y financieras. Algunos puntos importantes sobre la inflación son:

- **Poder Adquisitivo:** La inflación reduce el poder adquisitivo del dinero. Con el tiempo, una determinada cantidad de dinero compra menos bienes y servicios debido al aumento de los precios.
- **Planificación Financiera:** La inflación puede afectar la planificación financiera y de inversión. Los inversores buscan inversiones que superen la tasa de inflación para proteger su riqueza.

  Política Monetaria: Los bancos centrales monitorean y controlan la inflación ajustando las tasas de interés. Controlar la inflación es uno de los objetivos clave de la **política** monetaria.

2. **Índices de Precios al Consumidor (IPC):**

Los Índices de Precios al Consumidor (IPC) son indicadores que miden el cambio en el costo promedio de un conjunto específico de bienes y servicios que un consumidor típico adquiere con el tiempo. El IPC se utiliza para rastrear la inflación y determinar cómo los precios al consumidor están evolucionando.

Importancia del IPC:

El IPC es una herramienta para medir la inflación y comprender cómo los precios afectan a los consumidores. Se utiliza para:

- Evaluar el impacto de los cambios en los precios sobre el costo de vida de las personas.
- Realizar ajustes en los contratos, salarios y pensiones para mantener el poder adquisitivo.
- Tomar decisiones de inversión y planificación financiera basadas en las tendencias de la inflación.

56. Ventas Minoristas, de Bienes Duraderos y de Viviendas Pendientes

Las "Ventas Minoristas" y las "Ventas de Bienes Duraderos" son indicadores económicos que proporcionan información sobre la actividad de compra de los consumidores, mientras que las "Ventas de Viviendas Pendientes" se centran en la actividad del mercado inmobiliario.

1. *Ventas Minoristas:*

- Las "Ventas Minoristas" se refieren al valor total de las ventas de bienes y servicios por parte de las empresas al por menor en un país durante un período específico. Estas ventas representan las compras realizadas por los consumidores en tiendas minoristas, en línea y en otros lugares donde se venden productos directamente al público.

Importancia de las Ventas Minoristas:

- Las Ventas Minoristas son un indicador del gasto del consumidor, que es un componente fundamental del crecimiento económico. Un aumento en las ventas minoristas suele ser interpretado como una señal de una economía saludable, ya que indica que los consumidores están gastando más.

2. *Ventas de Bienes Duraderos:*

- Las "Ventas de Bienes Duraderos" se refieren a las ventas de productos manufacturados que tienen una vida útil relativamente larga, como automóviles, electrodomésticos, muebles y equipos electrónicos. Estos son productos que las personas no compran con tanta frecuencia como otros bienes de consumo.

Importancia de las Ventas de Bienes Duraderos:

- Las Ventas de Bienes Duraderos son un subconjunto importante de las Ventas Minoristas y a menudo se utilizan para evaluar la confianza del consumidor y la inversión en la economía. Un aumento en las ventas de bienes duraderos puede indicar una mayor confianza en la economía.

3. *Ventas de Viviendas Pendientes:*

- Las "Ventas de Viviendas Pendientes" se refieren a la cantidad de contratos firmados para la compra de viviendas que están pendientes de cierre. Estas ventas representan un paso intermedio en el proceso de compra de una vivienda antes de la finalización de la transacción. Por lo general, se refiere a las ventas de viviendas que están sujetas a contratos de compra-venta, pero que aún no han pasado por la fase de transferencia de propiedad.

Importancia de las Ventas de Viviendas Pendientes:

- Las Ventas de Viviendas Pendientes son un indicador líder del mercado inmobiliario y de la salud general de la economía. A menudo, un aumento en las ventas pendientes puede sugerir un mercado inmobiliario en crecimiento y, por lo tanto, una economía en expansión.

57. Índices de Confianza Empresarial y del Consumidor

Los Índices de Confianza Empresarial y del Consumidor son indicadores económicos que reflejan la percepción y las expectativas de dos grupos importantes en la economía: las empresas y los consumidores.

1. *Índice de Confianza Empresarial:*

- El Índice de Confianza Empresarial (también conocido como Índice de Sentimiento Empresarial) es una medida que evalúa la percepción y las expectativas de las empresas en relación con las condiciones económicas y comerciales presentes y futuras. Se basa en encuestas realizadas a líderes empresariales y ejecutivos de empresas de diversos sectores.

- Las empresas son encuestadas sobre una serie de aspectos, como las perspectivas de ventas, la inversión futura, la contratación de empleados y las condiciones económicas generales. Sus respuestas se ponderan y se utilizan para calcular un índice numérico.

- Este índice es un indicador líder que puede anticipar las tendencias económicas. Si las empresas muestran un alto nivel de confianza, es probable que estén dispuestas a invertir y contratar más empleados, lo que puede impulsar el crecimiento económico.

2. *Índice de Confianza del Consumidor:*

- El Índice de Confianza del Consumidor mide la percepción y las expectativas de los consumidores en relación con la situación financiera personal, el empleo, las condiciones económicas actuales y futuras, y su disposición para gastar. Se basa en encuestas a hogares y consumidores individuales.

- A través de encuestas, se recopila información sobre cómo los consumidores se sienten acerca de su situación financiera actual y futura, así como sobre su disposición para gastar dinero en bienes y servicios.

- Este índice refleja la salud general de la economía desde la perspectiva de los consumidores. Si el Índice de Confianza del Consumidor es alto, es probable que los consumidores gasten más, lo que puede impulsar la demanda y el crecimiento económico.

Relación entre Ambos Índices:

- Existe una relación entre el Índice de Confianza Empresarial y el Índice de Confianza del Consumidor. Si las empresas tienen una alta confianza en las condiciones económicas y planean expandirse, es más probable que creen empleos, lo que a su vez puede mejorar la confianza de los consumidores al brindar más oportunidades de trabajo.

58.   Inventarios de Petróleo Crudo

Los Inventarios de Petróleo Crudo son una medida que registra la cantidad total de petróleo crudo almacenado en un país o región específica en un momento dado. Estos inventarios son importantes para comprender el suministro y la demanda de petróleo, así como para evaluar la estabilidad de los precios del petróleo en el mercado

Funcionamiento de los Inventarios de Petróleo Crudo:

- **Recopilación de Datos:** Las agencias gubernamentales, como la Administración de Información de Energía (EIA) en Estados Unidos, y las empresas petroleras recopilan datos sobre la cantidad de petróleo crudo almacenado en tanques, refinerías y otras instalaciones de almacenamiento.
- **Actualización Periódica:** Estos datos se actualizan periódicamente, generalmente semanal o mensualmente, y se publican para su revisión por parte del público y de los participantes en el mercado.

Importancia de los Inventarios de Petróleo Crudo:

- **Indicador de Oferta y Demanda:** Los inventarios de petróleo crudo ofrecen una visión inmediata de la oferta y la demanda de petróleo. Un aumento en los inventarios puede indicar un exceso de oferta o una disminución en la demanda, lo que tiende a presionar a la baja los precios del petróleo.
- **Impacto en los Precios:** Los cambios en los inventarios de crudo pueden tener un impacto directo en los precios del petróleo en los mercados internacionales. Un aumento inesperado en los inventarios puede llevar a una caída de los precios, mientras que una disminución puede impulsar al alza los precios del petróleo.
- **Reflejo de la Política Energética:** Los gobiernos y las autoridades reguladoras a menudo utilizan los inventarios de petróleo crudo para evaluar la efectividad de su política energética y tomar decisiones sobre la liberación o acumulación estratégica de reservas de petróleo, así como el aumento o disminución en la producción de barriles.
- **Impacto en la Economía:** Los precios del petróleo tienen un impacto significativo en la economía global. Los cambios en los inventarios de petróleo crudo pueden influir en los costos de transporte, la inflación y la confianza del consumidor.

Los "Precios del Gasto del Consumidor" (PCE, por sus siglas en inglés) y el "Índice de Precios al Productor" (IPP o PPI, por sus siglas en inglés) son dos indicadores económicos que miden la evolución de los precios en una economía.

1. *Precios del Gasto del Consumidor (PCE):*

   • El PCE es un indicador que mide la variación de precios de los bienes y servicios que consumen las personas. Es una medida clave de la inflación que se utiliza en Estados Unidos y se calcula y publica regularmente por la Oficina de Análisis Económico del Departamento de Comercio de EE. UU.

   • Para calcular el PCE, se selecciona una "cesta de bienes y servicios" representativa que contiene artículos que las personas suelen comprar, como alimentos, vivienda, atención médica, educación, entre otros. Luego, se rastrean los cambios en los precios de estos elementos en el tiempo.

   • El PCE es un indicador crítico para medir la inflación y evaluar cómo los precios de los bienes y servicios afectan el poder adquisitivo de los consumidores. También es un componente clave para calcular el Producto Interno Bruto (PIB) real.

2. *Índice de Precios al Productor (IPP o PPI):*

   • El IPP es un indicador económico que mide la variación de precios de los bienes y servicios en las etapas iniciales de producción. Diferente al PCE, que se enfoca en los precios pagados por los consumidores, el IPP se concentra en los precios a nivel de fabricación y producción.

   • El IPP rastrea los cambios en los precios de una "cesta de productos" representativa que incluye materias primas, bienes intermedios y bienes finales producidos por las empresas. Se calcula mediante una fórmula que promedia estos cambios de precio.

- El IPP se utiliza para evaluar las presiones inflacionarias en las etapas iniciales de producción y puede dar señales tempranas sobre posibles tendencias inflacionarias en la economía. Los cambios en el IPP pueden influir en las decisiones de las empresas sobre los precios de venta al por mayor y minorista.

Relación entre PCE e IPP:

- El PCE y el IPP están relacionados en el sentido de que los cambios en los precios al por mayor (IPP) pueden afectar eventualmente los precios al consumidor (PCE). Sin embargo, los dos indicadores se centran en diferentes etapas de la cadena de suministro y, por lo tanto, pueden mostrar patrones de inflación ligeramente diferentes.

60.   Ganancias de Empresas

Las "Ganancias de Empresas" y los "Dividendos" son dos conceptos financieros importantes que se relacionan con las empresas y la distribución de sus beneficios a los accionistas.

1. *Ganancias de Empresas:*

- Las "Ganancias de Empresas" se refieren al beneficio neto que una empresa obtiene después de restar todos sus costos y gastos de sus ingresos totales durante un período contable específico, generalmente un trimestre o un año.

- Las ganancias de una empresa son un indicador crítico de su salud financiera y su capacidad para generar beneficios. Los inversores y analistas estudian las ganancias para evaluar la rentabilidad y el desempeño de una empresa a lo largo del tiempo.

2. *Dividendos:*

- Los "Dividendos" son pagos hechos por una empresa a sus accionistas como una forma de distribuir las ganancias. Los dividendos se pagan normalmente en efectivo, aunque también pueden ser en forma de acciones adicionales.

- Los dividendos son una recompensa para los accionistas por invertir en una empresa. Los inversores a menudo valoran las acciones que pagan dividendos como inversiones estables y de ingresos. Los dividendos pueden proporcionar un flujo de ingresos constante para los inversores y contribuir al rendimiento total de una inversión.

Relación entre Ganancias de Empresas y Dividendos:

- Las ganancias de una empresa proporcionan la base para el pago de dividendos. Si una empresa tiene ganancias, puede optar por retener una parte de esas ganancias para reinvertirlas en el negocio o distribuirlas a los accionistas como dividendos.

61. OPAS, Splits y Contrasplit

1. *Oferta Pública de Adquisición (OPA):*

- Una "Oferta Pública de Adquisición" (OPA) es un proceso en el que una empresa o individuo (la parte adquirente) ofrece comprar una cantidad específica de acciones de otra empresa (la empresa objetivo) a un precio determinado. Las OPAs pueden ser amigables u hostiles, según la aprobación o desaprobación de la empresa objetivo y sus accionistas.

Funcionamiento de una OPA:

- Cuando una empresa o inversionista quiere adquirir una empresa, realiza una OPA anunciando su intención de comprar una cierta cantidad de acciones a un precio fijo. Los accionistas de la empresa objetivo pueden decidir si desean vender sus acciones a ese precio o no. Si la mayoría de los accionistas acepta la oferta, la transacción se concreta y la empresa adquirente obtiene el control de la empresa objetivo.

Importancia de las OPAs:

- Las OPAs son eventos importantes en el mundo empresarial, ya que pueden cambiar la propiedad y la dirección de una empresa. Los inversores y reguladores deben seguir de cerca estos procesos para garantizar que se realicen de manera justa y transparente.

2. *Split (Desdoblamiento de Acciones):*

- Un "Split" o "Desdoblamiento de Acciones" es un evento en el que una empresa decide aumentar el número de acciones en circulación

 sin cambiar su valor total. Esto se hace dividiendo las acciones existentes en múltiples acciones nuevas.

Funcionamiento de un Split:

- Un ejemplo común es un "split 2 por 1", donde cada accionista recibe dos nuevas acciones por cada acción que posee. Esto duplica la cantidad de acciones en circulación, pero el valor total de la inversión de cada accionista permanece igual. El precio por acción generalmente se reduce a la mitad para reflejar el aumento en el número de acciones.

Importancia de los Splits:

- Los Splits se utilizan para hacer que las acciones de una empresa sean más accesibles para los inversores al reducir su precio por acción. Esto puede aumentar la liquidez de las acciones y atraer a un público más amplio de inversores. **3. *Contrasplit (Agrupación de Acciones):***

- Un "Contrasplit" o "Agrupación de Acciones" es el proceso opuesto al Split. En lugar de aumentar el número de acciones en circulación, se reduce el número de acciones existentes y se aumenta su valor nominal.

Funcionamiento de un Contrasplit:

- Por ejemplo, en un "contrasplit 1 por 5," cada cinco acciones existentes se combinan en una sola acción nueva con un valor nominal cinco veces mayor. Esto puede hacer que las acciones sean más atractivas para inversores institucionales o cumplir con requisitos de cotización en bolsas de valores.

Importancia de los Contrasplits:

- Los Contrasplits se utilizan para aumentar el precio por acción y cumplir con ciertos requisitos de cotización en bolsas de valores. También pueden ser una señal de alerta porque una empresa esté tratando de evitar la caída de su precio por acción.

V. Psicología y Emociones en el Trading

62. ¿Cómo se controlan las emociones en el trading: el miedo y la codicia?

Las emociones como el miedo y la codicia en el trading son reacciones psicológicas naturales que experimentan los inversores y traders al enfrentar situaciones de riesgo y oportunidad en los mercados financieros. Estas emociones pueden tener un impacto significativo en las decisiones de inversión y, a menudo, son consideradas obstáculos para el éxito en el trading.

1. *Miedo*:

- El miedo es una emoción que surge cuando los traders temen perder dinero en una operación. Puede manifestarse en situaciones como:
  - Temor a perder una parte significativa de su inversión.
  - Miedo a equivocarse en una decisión y sufrir pérdidas.
  - Preocupación por eventos inesperados que puedan afectar negativamente el mercado.

Cómo afecta el miedo en el trading:

- El miedo puede llevar a decisiones impulsivas, como cerrar una posición demasiado pronto por temor a mayores pérdidas, o a evitar buenas oportunidades por precaución excesiva. Puede llevar a la pérdida de capital debido a decisiones irracionales.

2. *Codicia*:

- La codicia es una emoción que surge cuando los traders desean obtener ganancias rápidas y significativas. Puede manifestarse en situaciones como: o Tomar posiciones de alto riesgo con la esperanza de ganancias extraordinarias. o La incapacidad de tomar ganancias cuando una operación es rentable porque se quiere más. o Ignorar la gestión de riesgos en busca de mayores beneficios.

Cómo afecta la codicia en el trading:

- La codicia puede llevar a tomar riesgos excesivos y a mantener posiciones más tiempo de lo necesario, lo que a menudo resulta en pérdidas. Puede llevar a operaciones impulsivas y falta de disciplina.

Ambas emociones, el miedo y la codicia, pueden nublar el juicio del trader y llevar a decisiones irracionales que van en contra de una estrategia de trading sólida y de la gestión de riesgos. Para tener éxito en el trading, los traders deben aprender a reconocer y controlar estas emociones. Algunas estrategias para hacerlo incluyen:

- Tener un plan de trading claro y seguirlo disciplinadamente.
- Establecer límites de pérdida y ganancia y respetarlos.
- Utilizar órdenes stop loss y take profit.
- Diversificar la cartera para reducir el impacto de una sola operación
- Mantener un diario de trading para registrar emociones y aprender de las experiencias pasadas.
- Practicar la gestión de riesgos de manera constante.

63. ¿Qué es el overconfidence (sobreconfianza) y cómo afecta al trading?

El "overconfidence" o sobreconfianza es un fenómeno psicológico en el trading y las inversiones que se refiere a la tendencia de los inversores o traders a sobreestimar sus habilidades, conocimientos o la precisión de sus pronósticos. Este exceso de confianza puede afectar significativamente el trading de las siguientes maneras:

1. *Toma de Riesgos Excesivos:*

   • Los traders sobreconfiados a menudo tienden a asumir riesgos excesivos porque creen que sus decisiones son infalibles. Esto puede llevar a tomar posiciones muy grandes o a operar con apalancamiento elevado, lo que aumenta el potencial de pérdidas significativas.

2. *Ignorar la Gestión de Riesgos:*

   • La sobreconfianza puede llevar a los traders a ignorar las prácticas de protección del capital, como establecer límites de pérdida, utilizar órdenes stop loss o ajustar los tamaños de los lotes como ya vimos, anteriormente, en la sección de gestión de riesgos. Creen que no necesitan estas medidas de protección porque están seguros de que sus operaciones serán rentables.

3. *Mantener Posiciones Perdedoras:*

   • Los traders sobreconfiados a veces tienen dificultades para admitir que están equivocados. Pueden mantener posiciones perdedoras durante demasiado tiempo, esperando que el mercado se vuelva a su favor, lo que resulta en pérdidas aún mayores.

4. *Falta de Planificación:*

   • Los traders sobreconfiados pueden ser propensos a operar sin un plan sólido o a no realizar un análisis exhaustivo, ya que creen que su intuición es suficiente para tener éxito.

5. *Sesgo de Confirmación:*

   • La sobreconfianza puede llevar al sesgo de confirmación, donde los traders buscan y dan más peso a la información que respalda sus opiniones, ignorando la información que contradice sus puntos de vista.

Para combatir la sobreconfianza en el trading, es esencial:

• Mantener un enfoque disciplinado y seguir un plan de trading bien definido.

• Reconocer que el mercado es incierto y que todas las operaciones tienen un riesgo inherente.

• Utilizar la gestión de riesgos de manera constante y establecer límites de pérdida y ganancia.

• Evaluar críticamente las decisiones pasadas y aprender de los errores.

• Mantener un historial de trading y resultados.

• Considerar la posibilidad de obtener una opinión externa o consejo de otros traders o profesionales financieros.

Los traders exitosos son conscientes de este sesgo cognitivo y trabajan activamente para controlarlo y mantener una mentalidad más objetiva y realista en sus operaciones financieras.

64. ¿Cuál es la importancia del deporte, la meditación y la paciencia en el trading?

El deporte, la meditación y la paciencia son herramientas poderosas para desarrollar una mentalidad saludable en el trading. Ayudan a controlar las emociones, mantener la concentración y tomar decisiones más racionales y calculadas. La combinación de estos elementos contribuye al éxito y al bienestar general de los traders.

Deporte:

1. **Salud Mental y Física**: El trading puede ser emocionalmente desafiante y estresante. El deporte contribuye a mantener una buena salud mental y física al liberar endorfinas, reduciendo el estrés y mejorando el estado de ánimo. Una mente sana en un cuerpo sano es fundamental para el trading.

2. **Disciplina y Rutina**: El deporte fomenta la disciplina y la rutina, cualidades cruciales en el trading. Los traders exitosos siguen estrategias de manera consistente y

establecen reglas para sí mismos. La disciplina en el deporte se puede traducir en disciplina para el trading.

3. **Gestión del Estrés**: El trading puede llevar a situaciones emocionales intensas, como pérdidas inesperadas o movimientos bruscos en los mercados. La práctica deportiva ayuda a eliminar parte del estrés acumulado y a mantener la calma en momentos críticos.

Meditación:

1. **Control Emocional**: La meditación enseña técnicas para controlar las emociones, lo que es crucial en el trading. Los traders deben lidiar con emociones como el miedo, la avaricia y la impaciencia. La meditación ayuda a manejar estas emociones y a tomar decisiones más racionales.

2. **Enfoque y Concentración**: La meditación mejora la concentración y la atención, habilidades esenciales para analizar gráficos, datos y noticias en el trading. Un trader concentrado toma decisiones más precisas.

3. **Claridad Mental**: La meditación promueve la claridad mental, lo que es beneficioso para evaluar situaciones complejas en los mercados y tomar decisiones informadas.

Paciencia:

1. **Evitar Decisiones Impulsivas**: La paciencia es clave para evitar decisiones impulsivas en el trading. Esperar el momento adecuado para entrar o salir de una posición puede marcar la diferencia entre el éxito y el fracaso.

2. **Resistencia a la Presión**: Los traders a menudo se enfrentan a presiones emocionales y financieras. La paciencia ayuda a mantener la calma durante las rachas negativas y a mantener la confianza en la estrategia.

3. **Tener Expectativas Realistas:** La paciencia implica comprender que el trading es un juego a largo plazo. Los traders pacientes no esperan obtener ganancias sustanciales de inmediato, sino que mantienen una perspectiva a largo plazo y trabajan constantemente en mejorar sus habilidades.

65. ¿Cómo se supera una racha de pérdidas en el trading?

Superar una racha de pérdidas en el trading es difícil desde el punto de vista emocional, pero es una parte importante del proceso de convertirse en un trader con éxito. Estos son algunos consejos para manejar una serie de pérdidas:

1. *Mantén la Calma:*

- La primera regla es mantener la calma. Las pérdidas son parte natural del trading y no deben tomarse de manera personal. Evita tomar decisiones impulsivas o vengativas para recuperar pérdidas rápidamente.

2. *Revisa tu Estrategia:*

- Utiliza este período para revisar y ajustar tu estrategia de trading. ¿Hay aspectos de tu enfoque que necesitan mejorarse? ¿Estás siguiendo tus reglas de gestión de riesgos y tu plan de trading?

3. *Reduce el Tamaño de tus Posiciones:*

- Durante una racha de pérdidas, considera reducir el tamaño de tus posiciones. Esto minimiza el impacto de las pérdidas en tu capital y te da tiempo para recuperarte.

4. *Evalúa tus Emociones:*

- Reflexiona sobre cómo te sientes durante esta racha de pérdidas. ¿Estás experimentando miedo, ansiedad o frustración? Es importante reconocer y gestionar estas emociones para no dejar que afecten tus decisiones de trading.

5. *Limita tus Pérdidas:*

• Establece límites de pérdida diarios o semanales y respétalos estrictamente. Si alcanzas estos límites, toma un descanso del trading para despejar tu mente.

6. *Aprende de tus Errores:*

• Analiza tus operaciones y busca patrones de error recurrentes. ¿Hay errores específicos que estás cometiendo? Utiliza estas lecciones para evitar cometer los mismos errores en el futuro.

7. *¿Es momento de usar coberturas?:*

• Evalúa si es el momento de cubrir tus entradas con posiciones en el mismo activo, pero en sentido contrario, o entrando en activos cuya correlación sea negativa al activos principal de la posición abierta (ver apartado 50). Por ejemplo, si vamos largos y estamos en perdidas el par EURUSD quizás sea momento de evaluar una entrada en corto, que cubra de forma total o parcial, en el par USDJPY (correlación generalmente negativa con EURUSD) o entrando en corto en el propio EURUSD con un tamaño de lotaje que minimice las pérdidas flotantes en caso de que el mercado siga en tendencia contraria a nuestra posición larga principal.

8. *Diversifica tus Activos:*

• No pongas todos tus recursos en un solo activo. La diversificación puede ayudarte a reducir el impacto de una mala racha en un solo mercado.

9. *Busca Apoyo*:

- Habla con otros traders o un mentor sobre tu situación. A veces, compartir tus experiencias con personas que entienden el trading puede proporcionarte una perspectiva fresca y consejos valiosos.

10. *Establece Metas Realistas*:

- No esperes recuperar todas las pérdidas de inmediato. Establece metas realistas y acepta que la recuperación lleva tiempo.

11. **Mantén una Actitud Positiva:**

- Mantén una actitud positiva y cree en tu capacidad para superar las pérdidas. El trading es un desafío, pero con dedicación y aprendizaje constante, puedes lograr el éxito. Cuando aciertas no eres lo mejor y cuando fallas tampoco eres lo peor.

Incluso los mejores traders se enfrentan a rachas de pérdidas en algún momento. Lo importante es cómo manejas estas situaciones y qué lecciones extraes de ellas. La paciencia, la disciplina y la adaptabilidad son clave para superar las rachas de pérdidas y continuar avanzando en tu carrera como trader.

66. ¿Cuál es la importancia de la disciplina en el trading?

Control de Emociones:

La disciplina en el trading implica tener un control estricto sobre las emociones. Los mercados financieros pueden ser extremadamente volátiles y, en momentos de estrés o euforia, es fácil tomar decisiones impulsivas que van en contra de una estrategia bien planificada. La disciplina ayuda a los traders a mantener la calma, seguir su plan y evitar reacciones impulsivas.

Adherencia a un Plan de Trading:

Cada trader debe tener un plan de trading sólido que incluya reglas claras para entrar y salir de las operaciones, establecer stop-loss y take-profit, y gestionar el riesgo. La disciplina implica seguir este plan rigurosamente, incluso cuando el mercado se torna impredecible o cuando las emociones están en juego. Saltarse el plan puede llevar a pérdidas innecesarias.

Gestión de Riesgos:

La disciplina es esencial para una gestión de riesgos efectiva. Los traders disciplinados establecen límites claros en cuanto al tamaño de sus posiciones, el nivel de apalancamiento que utilizan y la cantidad de capital que están dispuestos a arriesgar en una sola operación. Esto ayuda a proteger su capital y a evitar grandes pérdidas.

Aprendizaje Continuo:

Los mercados financieros están en constante evolución, y los traders disciplinados entienden la importancia del aprendizaje continuo. Están dispuestos a estudiar y mejorar sus habilidades constantemente, ya sea a través de la investigación, la capacitación, la lectura de libros o el seguimiento de noticias económicas.

Resistencia a la Codicia y el Miedo:

Ya hemos visto que la codicia y el miedo son dos emociones poderosas que pueden influir en las decisiones de trading. La disciplina ayuda a los traders a resistir la tentación de la codicia cuando las ganancias son altas y a evitar el pánico cuando las pérdidas aumentan. Mantener una mentalidad disciplinada es esencial para tomar decisiones racionales.

Adaptación a las Pérdidas:

Las pérdidas son inevitables en el trading para cualquier traders. La disciplina implica la capacidad de aceptar las pérdidas, aprender de ellas y seguir adelante sin permitir que afecten negativamente a la confianza o a la toma de decisiones.

Persistencia a Largo Plazo:

El trading de éxito no ocurre de la noche a la mañana. Requiere tiempo, esfuerzo y paciencia. Los traders disciplinados están dispuestos a perseverar a lo largo del tiempo, incluso cuando enfrentan obstáculos o periodos de bajo rendimiento.

Automatización y Rutina:

Algunos traders utilizan sistemas de trading automatizados para ayudar a mantener la disciplina. Estos sistemas ejecutan órdenes según reglas predefinidas sin que las emociones ni los prejuicios jueguen un papel importante.

## 67.		¿Qué es el sesgo de confirmación y cómo evitarlo?

El sesgo de confirmación es una tendencia cognitiva humana que implica buscar, interpretar y recordar información de manera selectiva de forma que confirme nuestras creencias y opiniones preexistentes, mientras que ignoramos o descartamos información que va en contra de esas creencias. En el contexto del trading, el sesgo de confirmación puede ser especialmente perjudicial, ya que puede llevar a tomar decisiones basadas en datos sesgados en lugar de información imparcial y objetiva.

Para evitar el sesgo de confirmación en el trading, aquí hay algunas estrategias:

- **Mantén una Mente Abierta:** Reconoce que todos los traders, incluso los más exitosos, pueden cometer errores y que el mercado es impredecible. Mantén una mente abierta para considerar diferentes perspectivas y estar dispuesto a cambiar de opinión cuando la evidencia lo respalde.

- **Diversifica tus Fuentes de Información:** No te limites a buscar información en una sola fuente o plataforma. Consulta diversas fuentes de noticias financieras, análisis y

opiniones de expertos. Esto te ayudará a obtener una imagen
más completa del mercado.

- **Define Reglas Claras de Trading:** Antes de entrar en una
operación, establece reglas claras y un plan de trading. Esto
incluye tus criterios de entrada y salida, límites de pérdida y
nivel de riesgo. Mantén la disciplina para seguir estas reglas
sin importar lo que te digan las emociones.

- **Busca Perspectivas Contrapuestas:** Activamente busca
información que desafíe tus opiniones actuales. Pregúntate
a ti mismo: "¿Qué podría demostrar que estoy equivocado
en esta operación?" Esto te ayudará a considerar todos los
ángulos antes de tomar decisiones.

- **Participa en Comunidades de Trading:** Únete a
comunidades de traders en línea o fuera de línea donde
puedas discutir tus ideas y perspectivas con otros. Escuchar
diferentes puntos de vista puede ayudarte a evitar caer en el
sesgo de confirmación.

- **Evalúa tus Sesgos Personales:** Reflexiona sobre tus propios
sesgos personales y cómo pueden influir en tus decisiones
de trading. Esto incluye sesgos como la aversión a la
pérdida, el exceso de confianza y la tendencia a seguir a la
multitud.

- **Practica la Autoconciencia:** Sé consciente de tus propias
emociones y reacciones mientras operas. Si notas que estás
buscando información solo para respaldar tus creencias
actuales, da un paso atrás y reconsidera tu enfoque, quizás
esa operación no es tan segura como creías en un principio.

### 68.	¿Qué es el enfoque en el plan de trading y las consecuencias de no aplicarlo correctamente?

Mantener el enfoque en el plan de trading significa seguir tu
estrategia de trading y tus reglas preestablecidas de manera
disciplinada y consistente. Cuando operas en los mercados
financieros, es fácil distraerse por la volatilidad, las noticias o las
emociones. Pero mantener el enfoque implica no desviarte de tu plan
incluso cuando enfrentas obstáculos o tentaciones emocionales.

No mantener el enfoque en el plan de trading puede tener consecuencias significativas y negativas en la carrera de un trader. Estas son algunas de las consecuencias más comunes de no seguir el plan de manera disciplinada:

- **Pérdidas Financieras:** Una de las consecuencias más evidentes es que puedes enfrentar pérdidas financieras significativas. Cuando no sigues tu plan y tomas decisiones impulsivas, estás expuesto a un mayor riesgo de pérdidas no planificadas.

- **Gestión de Riesgos Deficiente:** No mantener el enfoque en tu plan puede llevar a una gestión de riesgos inadecuada. Por ejemplo, puedes dejar de utilizar órdenes stop-loss, lo que aumenta el riesgo de pérdidas descontroladas.

- **Deterioro de la Confianza:** Las pérdidas y las malas decisiones pueden socavar tu confianza como trader. Si no confías en tu capacidad para seguir tu plan, es más probable que tomes decisiones impulsivas o que evites el trading por completo.

- **Errores Psicológicos:** No seguir tu plan puede dar lugar a errores psicológicos comunes, como el sesgo de confirmación (buscar información que respalde tus decisiones) o la venganza del mercado (tratar de recuperar pérdidas rápidamente).

- **Estrés y Ansiedad:** Tomar decisiones impulsivas o enfrentar pérdidas no planificadas puede generar estrés y ansiedad. El trading ya puede ser emocionalmente desafiante, y no seguir un plan solo agrega presión adicional.

- **Dificultades para Aprender:** No mantener el enfoque en tu plan dificulta el proceso de aprendizaje. Si no evalúas de manera constante tus operaciones y no corriges tus errores, es menos probable que mejores como trader con el tiempo.

- **Falta de Consistencia:** La inconsistencia en tus operaciones puede llevar a resultados impredecibles. Puedes tener rachas de ganancias seguidas de rachas de pérdidas, lo que hace que sea difícil medir tu verdadero desempeño.

- **Falta de Confianza de Terceros:** Si otros inversores o inversionistas notan que no sigues un plan o que tomas decisiones impulsivas, es menos probable que confíen en tu capacidad para gestionar su dinero.

- **Desmotivación:** Las consecuencias negativas de no mantener el enfoque en tu plan pueden desmotivarte y hacer que te alejes del trading por completo con el sentimiento de que es imposible encontrar oportunidades de crecimiento financiero.

69.   ¿Es peligrosa la venganza en el trading?

La "venganza en el trading" es un comportamiento emocionalmente impulsivo y arriesgado que se produce cuando un trader trata de recuperar pérdidas anteriores de manera inmediata y a menudo tomando decisiones irracionales para lograrlo. Estos son los rasgos clave del síndrome denominado "revenge trading":

- **Motivación Emocional:** La venganza en el trading suele estar motivada por emociones intensas como la frustración, la ira y el miedo. El trader se siente afectado por las pérdidas anteriores y busca vengarse del mercado recuperando ese dinero. La experiencia de la venganza en el trading puede tener efectos emocionales graves, incluyendo estrés, ansiedad y depresión. Puede afectar la salud mental del trader.

- **Decisiones Impulsivas:** En lugar de seguir un plan de trading sólido y basar sus decisiones en un análisis objetivo, el trader impulsivo, en busca de venganza, tiende a actuar de manera impulsiva y sin una estrategia clara.

- **Aumento del Riesgo:** Los traders que buscan venganza a menudo aumentan el tamaño de sus posiciones y asumen riesgos innecesarios y significativamente mayores de lo que lo harían en condiciones normales. Esto puede conducir a pérdidas aún mayores.

- **Ciclo de Pérdidas:** En lugar de recuperar las pérdidas, la venganza en el trading suele llevar a un ciclo de pérdidas continuas. Las operaciones impulsivas y arriesgadas tienden a resultar en más pérdidas, lo que puede generar aún más frustración.

- **Falta de Disciplina:** La venganza es un síntoma claro de falta de disciplina y a menudo hace que un trader abandone su plan de trading actuando de manera caótica.

- **Aprendizaje Difícil:** Los traders impulsivos que buscan venganza a menudo tienen dificultades para aprender de sus errores. No realizan una revisión objetiva de sus operaciones y no mejoran sus habilidades de trading.

- **Impacto Financiero:** La venganza en el trading puede tener un impacto financiero devastador, ya que las pérdidas pueden ser significativas y, en algunos casos, llevar a la ruina financiera.

Los traders deben esforzarse por mantener la disciplina, seguir sus estrategias y gestionar sus emociones para evitar caer en esta trampa común en el mundo del trading.

70. ¿Qué es el sesgo de retrospectiva y cómo influye en el trading?

El sesgo de retrospectiva, también conocido como el "sesgo de la suposición conocida" o "hindsight bias" en inglés, es un fenómeno cognitivo en el cual las personas tienden a creer, una vez que conocen el resultado de un evento pasado, que habrían predicho o anticipado ese resultado con mayor claridad de lo que realmente lo hicieron en el momento en que se tomó la decisión. En el psicotrading (psicología del trading), el sesgo de retrospectiva puede tener un impacto significativo:

- **Sobrestimación de Habilidades:** Los traders pueden caer en la trampa del sesgo de retrospectiva y esto puede llevar a una sobreestimación de sus habilidades y una falta de modestia y autocrítica. Cuando los traders creen retrospectivamente que siempre supieron qué decisión tomar, la confianza en sus habilidades puede aumentar. Esto puede ser peligroso, ya que una confianza excesiva puede llevar a la toma de riesgos excesivos.

- **Errores de Evaluación:** Los traders pueden revisar sus operaciones pasadas y pensar que deberían haber actuado de manera diferente en función de los resultados conocidos. Esto puede llevar a cambios en las estrategias que no necesariamente son beneficiosos.

- **Sesgo en el Aprendizaje:** El sesgo de retrospectiva puede dificultar el aprendizaje efectivo en el trading. Los traders pueden no reconocer errores pasados con claridad y, en cambio, pueden atribuir el resultado negativo a circunstancias externas en lugar de a sus decisiones.

A pesar de ser uno de los sesgos más desconocidos para el público y la comunidad de traders, es posible que sea el sesgo que más carreras profesionales destruya. Pensar que se puede pronosticar lo que va a ocurrir hace que los traders empleen más esfuerzo de lo debido a estudiar indicadores y patrones que den señales de entrada y salida en vez de emplearse a fondo a aprender a gestionar su cartera y sus emociones mediante una adecuada gestión del riesgo y del capital invertido. Cuando la realidad demuestra que pronosticar la dirección de un gráfico es imposible, quizás ya sea demasiado tarde.

71. ¿Cómo afecta el trading a la salud mental?

Es importante destacar que no todos los traders experimentan estos problemas, y muchos pueden disfrutar de carreras exitosas en el trading sin afectar su salud mental. Sin embargo, un estudio publicado en el Journal of Finance Economics and Econometrics (JFEE) en 2018 encontró que el 81% de los traders encuestados informaron experimentar una gran cantidad de estrés relacionado con el dinero debido a las pérdidas en el trading. Otro estudio publicado en la revista Psychological Science en 2015 encontró que la volatilidad del mercado se asocia con un mayor estrés percibido. Es fundamental reconocer los riesgos y tomar medidas para proteger la salud mental. Aquí se describen algunos de los impactos que el trading puede tener en la salud mental de las personas:

- **Trastorno de Ansiedad**: La presión constante para tomar decisiones financieras y la incertidumbre inherente en los mercados pueden generar un trastorno de ansiedad en los traders. Los síntomas incluyen nerviosismo, preocupación excesiva y tensión constante.

- **Depresión**: Las pérdidas financieras, la presión para obtener beneficios y la volatilidad de los mercados pueden contribuir a la depresión. Las personas afectadas pueden experimentar tristeza persistente, pérdida de interés en actividades cotidianas y fatiga extrema.

- **Trastorno Bipolar**: La naturaleza emocional del trading puede desencadenar trastornos bipolares en algunas personas. Los individuos pueden alternar entre períodos de euforia (fase maníaca) y períodos de profunda depresión.

- **Trastorno Obsesivo Compulsivo (TOC)**: Algunos traders pueden desarrollar rituales y comportamientos obsesivos relacionados con el trading. Pueden obsesionarse con verificar constantemente los precios y tomar decisiones impulsivas.

- **Trastorno de Estrés Postraumático (TEPT)**: Grandes pérdidas financieras o eventos inesperados en los mercados pueden causar estrés postraumático en los traders. Revivir constantemente pérdidas pasadas o eventos traumáticos puede ser un síntoma que, a menudo, nublará el juicio a la hora de tomar decisiones importantes.

- **Problemas de Sueño**: El estrés y la ansiedad relacionados con el trading pueden resultar en insomnio o problemas de sueño. La falta de sueño afecta negativamente la salud mental y la toma de decisiones.

- **Adicción al Trading**: La necesidad constante de monitorear los mercados y la emoción de las operaciones pueden llevar a una adicción al trading. Las personas pueden descuidar otras áreas de sus vidas y experimentar síntomas de abstinencia cuando no están operando.

- **Aislamiento Social**: La actividad solitaria del trading puede resultar en aislamiento social. La falta de interacción con amigos y familiares puede contribuir a la depresión y otros problemas de salud mental.

- **Toma de Decisiones Irracionales**: Las emociones extremas pueden llevar a la toma de decisiones irracionales en el trading, lo que resulta en pérdidas financieras y remordimientos. Esto, a su vez, puede afectar la autoestima y, con ello, el deterioro de la salud mental.

Principales factores del trading causantes de problemas de salud mental:

- **Presión Financiera:** El trading implica riesgos financieros, y las pérdidas pueden ser estresantes. La presión para obtener beneficios y evitar pérdidas puede generar ansiedad y estrés.
- **Autoexigencia:** Los traders a menudo se autoexigen un alto rendimiento. Esta autoexigencia puede generar ansiedad y, a veces, llevar a la insatisfacción personal.
- **Soledad:** El trading tiende a ser una actividad solitaria. La falta de interacción social puede llevar al aislamiento, lo que puede aumentar el riesgo de problemas de salud mental como la depresión.
- **Emociones Intensas:** Las ganancias y pérdidas en el trading pueden provocar emociones intensas, como euforia, ira o frustración. La toma de decisiones basada en emociones puede ser perjudicial y generar arrepentimiento.
- **Pérdida de Control:** La volatilidad de los mercados puede dar lugar a situaciones impredecibles, lo que puede hacer que los traders se sientan fuera de control y generar ansiedad e incluso ataques de pánico.
- **Autoimagen Relacionada con el Éxito Financiero:** Muchos traders vinculan su autoestima y autoimagen con su éxito financiero en el trading. Las pérdidas pueden afectar negativamente la autoestima.
- **Estigma y Expectativas Sociales:** La presión de mantener un estatus social o las expectativas de familiares y amigos pueden generar estrés adicional en los traders.
- **Información Constante:** Los traders deben estar al tanto de una gran cantidad de información financiera y noticias. Esto puede generar sobrecarga informativa y aumentar la ansiedad.

- El 24/7/365 **de los Mercados:** Los mercados financieros globales operan las 24 horas del día, lo que dificulta desconectar y tener tiempo libre.

El trading puede ser un factor de estrés adicional para algunas personas, por lo que es importante ser consciente de los efectos potenciales y buscar apoyo si es necesario como, por ejemplo:

- **Educación y Gestión de Riesgos:** La formación adecuada en trading y la gestión de riesgos pueden reducir la probabilidad de pérdidas significativas.
- **Apoyo Social:** El apoyo de amigos y familiares puede ayudar a los traders a lidiar con el estrés y la presión.
- **Salud Física y Mental:** El ejercicio, la meditación y la búsqueda de ayuda profesional en caso de necesidad son formas de mantener una buena salud mental.
- **Establecer Límites:** Establecer límites claros en el trading y en el tiempo dedicado a él puede ayudar a mantener el equilibrio.

VI. Mercados y Activos Más Comunes (Bolsa, Índices y Materias Primas).

72.   ¿Qué son los activos de renta variable y renta fija?

Los activos de renta variable y renta fija son dos clases de activos financieros que se diferencian en la forma en que generan ingresos y en el nivel de riesgo asociado. Los inversores suelen combinar ambos tipos de activos en sus carteras para diversificar y equilibrar el riesgo y el rendimiento. La elección entre renta variable y renta fija depende de los objetivos financieros y el apetito por el riesgo de cada inversor.

Renta Variable:

- **Definición:** La renta variable representa la propiedad parcial de una empresa. Cuando posees acciones de una empresa, eres dueño de una parte de esa empresa y tienes derechos sobre los beneficios y decisiones de la misma.
- **Ingresos:** Los ingresos generados por la renta variable provienen de la apreciación del valor de las acciones y de los dividendos. Los inversores pueden obtener ganancias vendiendo sus acciones a un precio superior al precio de compra y pueden recibir dividendos, que son pagos periódicos a los accionistas.
- **Riesgo:** La renta variable conlleva un mayor riesgo en comparación con la renta fija. El valor de las acciones puede fluctuar significativamente en función de factores como la salud financiera de la empresa, las condiciones del mercado y la economía en general.
- **Ejemplos:** Acciones de empresas cotizadas en bolsa.

Renta Fija:

- **Definición:** La renta fija representa préstamos otorgados a empresas o gobiernos a cambio de pagos regulares de interés y la devolución del capital prestado en una fecha de vencimiento específica.

- **Ingresos:** Los ingresos de la renta fija provienen de los pagos de intereses periódicos, que son predecibles y fijos. Al final del plazo, el inversor recupera el principal prestado.
- **Riesgo:** La renta fija generalmente se considera menos riesgosa que la renta variable. Las emisiones de renta fija suelen estar respaldadas por activos o la capacidad de pago del emisor, lo que reduce el riesgo de pérdida de capital en comparación con las acciones.
- **Ejemplos:** Bonos del gobierno, bonos corporativos, bonos municipales, entre otros.

73. ¿Qué es el mercado de acciones y cómo se opera en él?

El mercado de acciones es un componente fundamental del mercado financiero en el que se compran y venden acciones o participaciones del capital de las empresas. Es un lugar donde los inversores pueden adquirir una parte de la propiedad de una empresa y potencialmente beneficiarse de sus ganancias y crecimiento.

Funcionamiento del Mercado de Acciones:

- **Empresas Cotizadas:** En el mercado de acciones, las empresas que desean recaudar capital para financiar sus operaciones y proyectos emiten acciones y las ofrecen al público. Estas empresas deben cumplir con ciertos requisitos regulatorios y financieros para cotizar en bolsas de valores o mercados de valores.
- **Inversionistas:** Los inversores, que pueden ser individuos, instituciones financieras o fondos de inversión, compran y venden acciones en el mercado. Compran acciones con la esperanza de que su valor aumente con el tiempo y venden acciones para obtener ganancias o reducir pérdidas.
- **Bolsas de Valores:** Las acciones se negocian en bolsas de valores o mercados de valores. Algunas de las bolsas más conocidas a nivel mundial incluyen la New York Stock

Exchange (NYSE) en Estados Unidos, la Bolsa de Valores de Londres (LSE), La Bolsa de Valores de Frankfurt (XFRA) o La Bolsa de Valores de Tokio (TSE). Estas bolsas proporcionan una plataforma centralizada para la negociación de acciones.

- **Cotización y Precio:** El precio de una acción se determina por la oferta y la demanda en el mercado. Si hay más compradores interesados en una acción, su precio tiende a subir, y si hay más vendedores, su precio tiende a bajar.

- **Intermediarios:** Para operar en el mercado de acciones, los inversores suelen utilizar intermediarios financieros como brokers o plataformas de negociación en línea. Estos intermediarios facilitan

las transacciones entre compradores y vendedores y ofrecen servicios de asesoramiento e investigación.

Cómo Operar en el Mercado de Acciones:

1. **Abrir una Cuenta de Inversión:** Para comenzar a operar en el mercado de acciones, debes abrir una cuenta de inversión con un corredor de bolsa o utilizar una plataforma de negociación en línea. Debes proporcionar información personal y financiera para configurar la cuenta.

2. **Investigación:** Antes de comprar acciones, realiza una investigación exhaustiva sobre las empresas en las que estás interesado. Esto incluye analizar sus estados financieros, perspectivas de crecimiento, competidores y noticias relevantes.

3. **Realizar Órdenes:** Utiliza la plataforma de negociación de tu corredor para ingresar órdenes de compra o venta de acciones. Puedes elegir entre diferentes tipos de órdenes, como órdenes de mercado (al precio actual) u órdenes limitadas (a un precio específico).

4. **Seguimiento:** Una vez que hayas comprado acciones, sigue de cerca su rendimiento en tu cartera. Puedes utilizar

análisis técnico y análisis fundamental para tomar decisiones informadas sobre cuándo comprar o vender.

5. **Diversificación:** Se recomienda diversificar tu cartera comprando acciones de diferentes empresas y sectores. Esto ayuda a reducir el riesgo y aumentar las posibilidades de obtener ganancias a largo plazo.

6. **Gestión de Riesgos:** Establece límites de pérdida (stop-loss) para proteger tu inversión y utiliza una estrategia de gestión de riesgos adecuada.

7. **Educación Continua:** El mercado de acciones es complejo y está en constante cambio. La educación continua y la actualización sobre las tendencias y eventos del mercado son fundamentales para el éxito en la inversión en acciones.

74. ¿Cómo se negocian los índices bursátiles?

La negociación de índices bursátiles se realiza a través de instrumentos financieros derivados, como los contratos de futuros y los contratos por diferencia (CFD). Estos instrumentos permiten a los inversores y traders especular sobre el movimiento de un índice bursátil sin poseer físicamente las acciones que componen el índice. Es una forma popular de inversión y trading que permite a los inversores diversificar sus carteras.

Contratos de Futuros de Índices Bursátiles:

• Los contratos de futuros son acuerdos que obligan a las partes a comprar o vender un activo subyacente en una fecha futura predeterminada a un precio acordado. o Los inversores pueden comprar o vender contratos de futuros de índices bursátiles a través de una bolsa de futuros. Algunos ejemplos de bolsas de futuros conocidas son el Chicago Mercantile Exchange (CME) y el Eurex. o Los contratos de futuros de índices bursátiles permiten tomar posiciones alcistas (comprando contratos) o bajistas (vendiendo contratos) en el movimiento del índice en función de las expectativas del inversor.

Contratos por Diferencia (CFD) de Índices Bursátiles:

•	Los CFD son contratos entre un trader y un bróker que permiten especular sobre el precio de un índice bursátil sin poseer el activo subyacente y sin necesidad de la intervención directa, en dicha transacción, de un mercado regulador oficial. o Los inversores pueden comprar (abrir una posición larga) o vender (abrir una posición corta) los CFD de índices bursátiles a través de una plataforma de trading en línea proporcionada por un bróker.

•	La ganancia o pérdida en la negociación de CFD se calcula en función de la diferencia entre el precio de entrada y el precio de salida del contrato. o Los CFD permiten apalancamiento, lo que significa que los inversores pueden controlar una posición más grande con un capital relativamente pequeño. Sin embargo, el apalancamiento también aumenta el riesgo de pérdida.

Horarios de Negociación:

•	Los contratos de futuros de índices bursátiles tienen horarios de negociación específicos que varían según la bolsa de futuros. Por ejemplo, los contratos de futuros en el mercado de EE. UU. generalmente se negocian durante el horario regular de mercado y también tienen horarios extendidos. o Los CFD de índices bursátiles suelen estar disponibles para negociación las 24 horas del día, cinco días a la semana, ya que se basan en los precios de los mercados globales.

## 75.	¿Qué son los mercados de materias primas (commodities)?

Los mercados de materias primas, comúnmente conocidos como mercados de commodities, son mercados financieros donde se negocian materias primas físicas o productos básicos. Estos productos básicos pueden ser materiales naturales o productos agrícolas que se utilizan en la producción de bienes y servicios en todo el mundo.

1. *Tipos de Materias Primas:*

Los mercados de commodities se dividen en dos categorías principales:

- **Materias Primas Energéticas:** Incluyen productos como el petróleo crudo, el gas natural y el carbón, que son esenciales para la generación de energía y la producción de combustibles.
- **Materias Primas Blandas (Soft Commodities):** Estas materias primas son productos agrícolas o de origen biológico, como el trigo, el maíz, el algodón, el café, el azúcar y los metales preciosos como el oro y la plata.

2. *Función de los Mercados de Materias Primas:*

Estos mercados desempeñan un papel crucial en la economía global al proporcionar una forma de gestionar el riesgo de precio para productores y consumidores de materias primas. Los productores pueden utilizar estos mercados para asegurarse contra la caída de los precios, mientras que los consumidores pueden utilizarlos para protegerse contra el aumento de los precios.

3. *Formas de Negociación:*

La negociación de materias primas puede llevarse a cabo en mercados físicos y mercados de futuros.

- **Mercados Físicos:** En estos mercados, las materias primas físicas reales se compran y venden. Por ejemplo, un agricultor vende su cosecha de maíz a una empresa procesadora.
- **Mercados de Futuros:** En estos mercados, los inversores pueden comprar y vender contratos de futuros basados en materias primas. Estos contratos especifican el precio y la fecha de entrega futura de la materia prima subyacente. La

mayoría de las operaciones en mercados de commodities se realizan a través de contratos de futuros (visto anteriormente en el apartado 34).
- **A través de CFDs:** Se trata de contratos por diferencias entre un inversor y un bróker con la intención de especular sobre los movimientos que puedan tener las materias primas a lo largo del tiempo.

4. *Razones para Negociar Materias Primas:*

Las razones pueden ser diversas:

- **Diversificación:** Las materias primas pueden servir como una clase de activo adicional en una cartera de inversión para diversificar riesgos.
- **Cobertura de Riesgos:** Los productores y consumidores pueden utilizar los mercados de futuros para protegerse contra movimientos adversos en los precios.
- Especulación: Los inversores también pueden especular sobre los movimientos de precios de las materias primas en busca de ganancias.

5. *Factores que Influyen en los Precios:*

Los precios de las materias primas pueden verse afectados por una serie de factores, incluidos eventos climáticos, políticas gubernamentales, cambios en la demanda global, la oferta y la geopolítica.

6. *Acceso a los Mercados de Materias Primas:*

Los inversores y traders pueden acceder a los mercados de materias primas a través de intermediarios financieros como corredores y plataformas de trading en línea.

76. ¿Cuáles son las diferencias entre el trading con oro y petróleo?

El trading con oro y petróleo son las dos formas más populares de inversión en materias primas, pero presentan diferencias significativas en términos de características, fundamentos y dinámicas del mercado. Es importante tener en cuenta estas diferencias al decidir si deseas operar con oro o petróleo. Ambos activos pueden ser atractivos para diferentes tipos de inversores y en diferentes situaciones económicas:

1. *Tipo de Materia Prima:*

- **Oro:** El oro es un metal precioso y es considerado un refugio seguro en tiempos de incertidumbre económica y volatilidad en los mercados. A menudo se utiliza como una reserva de valor y es muy demandado en joyería, inversión y en la industria de la electrónica.
- **Petróleo:** El petróleo es un recurso natural no renovable y se utiliza principalmente como fuente de energía en todo el mundo. Es esencial en la producción de combustibles, productos químicos y productos petroquímicos, lo que lo hace altamente influyente en la economía global.

2. *Mercados de Negociación:*

- **Oro:** El oro se negocia en mercados físicos y mercados de futuros, así como en el mercado de divisas (Forex) como un par de divisas, como el XAU/USD. También se pueden comprar monedas y lingotes de oro físicos.
- **Petróleo:** El petróleo se negocia principalmente a través de contratos de futuros en bolsas de commodities como el New York Mercantile Exchange (NYMEX) y el Intercontinental Exchange (ICE). También se negocian contratos por diferencia (CFD) en plataformas de trading en línea.

3. *Factores de Influencia en los Precios:*

- **Oro:** Los precios del oro pueden verse influenciados por factores como la inflación, la política monetaria, la volatilidad en los mercados financieros y la demanda de inversión y joyería.
- **Petróleo:** Los precios del petróleo están influenciados por factores como la oferta y la demanda globales, la geopolítica, los eventos en las principales regiones productoras y los cambios en la producción.

4. *Volatilidad y Riesgo:*

- **Oro:** El oro tiende a ser menos volátil en comparación con el petróleo. Se considera un activo más estable y suele utilizarse como refugio seguro en tiempos de crisis.
- **Petróleo:** Los precios del petróleo pueden ser altamente volátiles debido a la sensibilidad a los eventos geopolíticos, los cambios en la producción y la demanda, y las fluctuaciones en los precios del dólar.

5. *Diversificación:*

- Los inversores a menudo utilizan tanto el oro como el petróleo para diversificar sus carteras y reducir riesgos.

6. *Tamaño y Liquidez del Mercado:*

- El mercado del petróleo es considerablemente más grande y líquido en comparación con el mercado del oro debido a su importancia en la economía global y al número de transacciones diarias.

7. *Condiciones del mercado:*

- Observar las condiciones actuales del mercado. El petróleo está más relacionado con la economía global y la demanda industrial, mientras que el oro se considera un activo refugio. Debe considerarse si la economía global está en crecimiento (lo que podría favorecer al petróleo) o si hay incertidumbre y riesgos (lo que podría favorecer al oro).

77. ¿Qué son los contratos mini y micro en futuros de materias primas y cómo se utilizan en estrategias de cobertura?

Los contratos mini y micro en futuros de materias primas son instrumentos financieros derivados que representan una fracción del tamaño de los contratos de futuros estándar. Estos contratos más pequeños permiten a los inversores, especialmente a los minoristas, participar en los mercados de materias primas con una inversión inicial más baja.

Contratos Mini y Micro en Futuros de Materias Primas:

- *Tamaño reducido:* Los contratos mini son una versión más pequeña de los contratos de futuros estándar, y los contratos micro son aún más pequeños. Representan una fracción del valor de un contrato estándar.
- *Accesibilidad:* Estos contratos son ideales para inversores con un capital más limitado. La inversión inicial requerida es considerablemente menor en comparación con los contratos de futuros estándar.
- *Diversidad:* Los contratos mini y micro están disponibles para una variedad de materias primas, como petróleo, oro, plata, maíz, trigo, entre otros. Esto permite a los inversores diversificar su cartera y cubrir diferentes riesgos.

Estrategias de Cobertura con Contratos Mini y Micro:

La cobertura es una estrategia que se utiliza para protegerse contra posibles movimientos desfavorables en los precios de las materias primas. Los contratos mini y micro son herramientas útiles para implementar estas estrategias:

- ***Protección contra fluctuaciones de precios****:* Un inversor que
  espera comprar o vender una materia prima en el futuro
  puede utilizar contratos mini o micro para protegerse contra
  movimientos desfavorables en los precios. Por ejemplo, un
  productor agrícola puede comprar contratos de futuros mini
  de maíz para protegerse contra la caída de los precios antes
  de la cosecha.
- ***Gestión de riesgos****:* Los contratos mini y micro permiten a
  los inversores gestionar de manera efectiva los riesgos
  asociados a las fluctuaciones de precios. Esto puede ser
  esencial para aquellos cuyos ingresos o costos están
  vinculados a las materias primas.
- ***Diversificación de cartera****:* Al operar con contratos mini y
  micro en diversas materias primas, los inversores pueden
  diversificar su cartera y reducir el impacto de eventos
  específicos del mercado en sus inversiones.

Es fundamental destacar que, aunque estos contratos son más
accesibles, todavía conllevan riesgos significativos. Antes de operar
con futuros de materias primas, incluso los de menor tamaño, es
esencial comprender cómo funcionan los mercados de futuros y cómo
aplicar estrategias de cobertura de manera efectiva.

78. ¿Qué son los ETFs (Exchange-Traded Funds) y cuál es su función?

Los ETFs, o Exchange-Traded Funds en inglés, son instrumentos
financieros que se negocian en bolsas de valores, al igual que las
acciones. Son populares tanto entre inversores individuales como
institucionales debido a su liquidez y costos competitivos.

Estos fondos tienen como objetivo rastrear el desempeño de un
índice, una cesta de activos, materias primas u otros activos
financieros. Estas son sus características:

1. *Estructura de Fondo Cotizado:*

Un ETF se estructura como un fondo de inversión y se negocia en el mercado como una acción. Combina las características de un fondo de inversión colectiva con la liquidez y la facilidad de negociación de una acción.

2. *Objetivo de Replicar un Índice o Cesta de Activos:*

La función principal de un ETF es rastrear el rendimiento de un índice subyacente o una canasta de activos. Por ejemplo, un ETF puede estar diseñado para seguir el desempeño del índice S&P 500, que representa las 500 principales empresas de Estados Unidos.

3. *Diversificación:*

Al invertir en un ETF, los inversores obtienen exposición a un amplio conjunto de activos subyacentes. Esto proporciona una diversificación instantánea en comparación con la compra de activos individuales.

4. *Liquidez:*

Los ETFs se negocian en bolsas de valores durante las horas de mercado, lo que significa que los inversores pueden comprar o vender acciones del ETF en cualquier momento durante el día de negociación. Esto brinda alta liquidez y flexibilidad.

5. *Transparencia:*

La mayoría de los ETFs ofrecen una alta transparencia en cuanto a su cartera subyacente. Los inversores pueden ver la composición del fondo y los activos que lo componen en tiempo real.

6. *Dividendos y Ganancias de Capital:*

Los inversores en ETFs pueden recibir dividendos y
ganancias de capital de manera similar a las acciones
individuales. Algunos ETFs también ofrecen opciones para
reinvertir estos pagos.

79. ¿Qué son y cómo se negocian los bonos y bonos corporativos?

Los bonos son instrumentos de deuda que se emiten cuando una
entidad, ya sea un gobierno, una empresa o una institución, necesita
recaudar fondos. Los bonos corporativos son específicamente
emitidos por empresas.

¿Qué son los bonos (gubernamentales)?

Los bonos son promesas de pago futuras. Cuando compras un bono,
estás efectivamente prestando dinero al emisor a cambio de pagos
regulares de interés y la devolución del principal en una fecha de
vencimiento específica. Los elementos clave de un bono son:

- **Principal o Valor Nominal:** Es la cantidad de dinero que el
emisor del bono se compromete a devolver al titular del
bono al vencimiento.
- **Cupones:** Los bonos pueden ser de cupón fijo, lo que
significa que pagan una tasa de interés fija periódica, o de
cupón variable, donde la tasa de interés cambia según una
referencia.
- **Vencimiento:** Es la fecha en la que el bono vence, y el emisor
debe pagar el principal al titular.
- **Calificación de Crédito:** Los bonos suelen ser calificados por
agencias de calificación de crédito, lo que indica la calidad
crediticia del emisor y, por lo tanto, el riesgo de impago.

¿Cómo se negocian los bonos?

Los bonos se negocian en los mercados de deuda, y hay varias formas de hacerlo:

- **Mercados Primarios:** En el mercado primario, los bonos se emiten por primera vez. Los inversores compran bonos directamente del emisor. Esto puede hacerse mediante subasta, colocación privada o emisiones públicas.
- **Mercados Secundarios:** Los bonos también se negocian en mercados secundarios después de su emisión inicial. Los inversores compran y venden bonos entre sí en estos mercados. Los mercados secundarios pueden ser organizados, como las bolsas de valores, o no organizados (over-the-counter). Algunos bonos se negocian en bolsas de valores, como el mercado de bonos de Nueva York (NYSE). Esto proporciona liquidez y transparencia.

¿Qué son los bonos corporativos?

Los bonos corporativos son emitidos por empresas para recaudar fondos. Tienen características similares a los bonos gubernamentales, pero están respaldados por la empresa emisora. Algunas empresas emiten bonos corporativos para financiar proyectos, pagar deudas o para propósitos generales de la empresa.

Los bonos corporativos se negocian de manera similar a otros bonos en los mercados primarios y secundarios. Algunos aspectos específicos de los bonos corporativos incluyen:

- **Calificación Crediticia:** Las empresas emisoras de bonos corporativos pueden ser calificadas por agencias de calificación crediticia, lo que influye en el precio y la demanda de los bonos.
- **Riesgo Crediticio:** Los bonos corporativos pueden llevar un mayor riesgo crediticio en comparación con los bonos gubernamentales, ya que dependen de la salud financiera de la empresa emisora.

- **Rendimiento y Cupones:** El rendimiento de los bonos corporativos suele ser mayor que el de los bonos gubernamentales para compensar el riesgo adicional.

80. ¿Cómo se negocian los bonos de alto rendimiento (high-yield bonds)?

Los bonos de alto rendimiento, comúnmente conocidos como "high-yield bonds" o "bonos basura" (junk bonds en inglés), son bonos corporativos emitidos por empresas que tienen una calificación crediticia más baja que los bonos de grado de inversión. Debido a su mayor riesgo crediticio, los bonos de alto rendimiento ofrecen tasas de interés más altas para atraer a los inversores. Aquí te explico

Cómo se negocian los bonos de alto rendimiento:

1. **Compra y Venta en el Mercado Secundario:** La mayoría de las transacciones de bonos de alto rendimiento ocurren en el mercado secundario, donde los inversores compran y venden estos bonos entre sí. Los bonos de alto rendimiento se cotizan en términos de su precio y su rendimiento al vencimiento. Los inversores pueden comprar bonos de alto rendimiento a través de corredores, bancos o plataformas en línea.

2. **Plataformas de Negociación Electrónica:** En la actualidad, muchas transacciones de bonos de alto rendimiento se realizan en plataformas de negociación electrónica, lo que facilita la ejecución de órdenes. Estas plataformas muestran información en tiempo real sobre los bonos disponibles y permiten a los inversores realizar operaciones de compra o venta.

3. **Precios y Rendimientos Variables:** Los precios de los bonos de alto rendimiento pueden ser volátiles debido a la naturaleza de alto riesgo de estos instrumentos. Los inversores deben prestar atención tanto al precio como al rendimiento del bono al tomar decisiones de inversión. El rendimiento al vencimiento refleja la tasa de interés efectiva que un inversor podría obtener si mantiene el bono hasta su vencimiento.

4. **Diferencias de Liquidez:** La liquidez de los bonos de alto rendimiento puede variar significativamente según el emisor y las condiciones del mercado. Algunos bonos de alto rendimiento pueden ser menos líquidos que otros, lo que significa que puede ser más difícil comprar o vender ciertos bonos en un momento dado.

5. **Calificación Crediticia y Análisis de Crédito:** Dado que los bonos de alto rendimiento tienen un mayor riesgo crediticio, los inversores suelen prestar mucha atención a la calificación crediticia del emisor y realizan un análisis de crédito detallado antes de invertir. Las agencias de calificación crediticia califican estos bonos como "grado especulativo" o "junk," y las calificaciones varían según la solidez crediticia percibida del emisor.

6. **Estrategias de Inversión:** Los inversores en bonos de alto rendimiento pueden adoptar diversas estrategias, desde la compra individual de bonos hasta la inversión a través de fondos de inversión colectiva o ETFs de bonos de alto rendimiento. La elección de la estrategia depende de los objetivos y la tolerancia al riesgo de cada inversor.

81. ¿Qué son los activos de valor refugio y cuándo se invierte en ellos?

Los activos de valor refugio, también conocidos como "activos seguros" o "activos refugio," son activos financieros que tienden a mantener o aumentar su valor durante períodos de incertidumbre económica o volatilidad en los mercados financieros. Los inversores suelen buscar estos activos como refugio cuando se preocupan por la caída de los mercados o la inestabilidad económica. Algunos de los activos de valor refugio más comunes incluyen:

- **Oro:** El oro es uno de los activos de refugio más tradicionales. Los inversores tienden a comprar oro cuando hay preocupaciones sobre la inflación, la devaluación de las monedas o la inestabilidad geopolítica.
- **Bonos del Gobierno:** Los bonos del gobierno de países con una sólida reputación crediticia, como los bonos del Tesoro de los Estados Unidos, a menudo se consideran seguros.

Cuando los inversores están preocupados por la caída de los
mercados de valores, pueden invertir en bonos del gobierno
para preservar el capital.

- **Dólar Estadounidense:** En momentos de crisis financiera
global, el dólar estadounidense a menudo se fortalece
porque se percibe como una moneda segura. Los inversores
pueden buscar refugio en el dólar.

- **Bonos de Calidad y Crédito Elevado:** Los bonos de alta
calidad emitidos por empresas con una buena salud
financiera pueden ser considerados activos de refugio. Sin
embargo, los bonos corporativos de menor calidad crediticia
(high-yield) tienden a ser menos seguros en tiempos de
crisis.

- **Francos Suizos y Yenes Japoneses:** Estas monedas también
se consideran activos seguros y pueden apreciarse durante
momentos de incertidumbre.

- **Fondos de Inversión Cotizados (ETFs) de Valor Refugio:**
Hay ETFs diseñados para rastrear el rendimiento de activos
de refugio como el oro o bonos del gobierno.

¿Cuándo se invierte en activos de valor refugio?

Los inversores tienden a considerar la inversión en activos de valor
refugio en las siguientes situaciones:

- **Turbulencia en los Mercados Financieros:** Cuando los
mercados de valores experimentan caídas significativas o
volatilidad extrema, los inversores pueden buscar refugio en
activos seguros.

- **Crisis Económica o Política:** Los activos de valor refugio son
atractivos en tiempos de crisis económica, conflictos
geopolíticos o eventos que amenazan la estabilidad
económica.

- **Inflación Elevada:** Durante períodos de alta inflación, los
inversores pueden recurrir al oro u otros activos de refugio
como una forma de proteger su poder adquisitivo.

- **Diversificación:** Algunos inversores mantienen una parte
de sus carteras en activos refugio como parte de una

estrategia de diversificación, incluso en tiempos de calma en
los mercados.

VII. Mercados y Activos Más Comunes (Forex)

82.   ¿Qué es Forex?

Forex, abreviatura de "Foreign Exchange," es el mercado global de divisas en el que se compran y venden monedas de diferentes países. Es el mercado financiero más grande y líquido del mundo, con una enorme actividad de negociación diaria.

Cómo funciona el mercado Forex:

1. Intercambio de Monedas: En el mercado Forex, los inversores compran una moneda y venden otra simultáneamente. Las monedas se cotizan en pares, como el EUR/USD (euro/dólar estadounidense). Cuando un inversor compra un par de divisas, está adquiriendo una moneda y vendiendo la otra.

2. Participantes: Los participantes en el mercado Forex incluyen bancos, instituciones financieras, gobiernos, corporaciones multinacionales, inversores individuales y especuladores. Este mercado funciona las 24 horas del día, cinco días a la semana, debido a la naturaleza global de las transacciones de divisas.

3. Objetivos: Los inversores participan en el mercado Forex por varias razones, que incluyen la cobertura de riesgos cambiarios (protección contra fluctuaciones en los tipos de cambio), la especulación (tratar de obtener ganancias mediante la compra y venta de divisas), y la inversión a largo plazo en monedas extranjeras.

4. Pares de Divisas: Los pares de divisas en Forex se dividen en dos categorías: principales y menores (o secundarios). Los pares principales incluyen las principales monedas del mundo, como el EUR/USD (euro/dólar), USD/JPY (dólar/yen) y GBP/USD (libra/dólar). Los pares menores involucran monedas de países más pequeños.

5. Apalancamiento: El mercado Forex permite a los inversores utilizar apalancamiento, lo que significa que pueden controlar una gran cantidad de dinero con una inversión relativamente pequeña. El apalancamiento amplifica tanto las ganancias como las pérdidas, lo que lo convierte en una herramienta de alto riesgo que debe utilizarse con precaución.

6. Análisis: Los inversores en Forex a menudo utilizan el análisis técnico y el análisis fundamental para tomar decisiones comerciales. El análisis técnico se basa en patrones de gráficos y datos históricos de precios, mientras que el análisis fundamental considera factores económicos y políticos que pueden afectar a las monedas.

7. Horario: Como se mencionó anteriormente, el mercado Forex opera las 24 horas del día, cinco días a la semana. Esto se debe a que los mercados de divisas están abiertos en diferentes partes del mundo en diferentes momentos, desde Asia hasta Europa y América.

83. ¿Cuál es la importancia del mercado de Forex en el mundo?

El mercado Forex desempeña un papel fundamental en la economía mundial y es de gran importancia por diversas razones:

- **Facilita el Comercio Internacional:** El Forex permite la conversión de una moneda en otra, lo que es esencial para el comercio internacional. Las empresas utilizan este mercado para comprar y vender productos y servicios en diferentes monedas, lo que facilita el comercio global.

- **Liquidez y Volumen:** Es el mercado financiero más grande y líquido del mundo, con un volumen de negociación diario que supera los 6 billones de dólares estadounidenses. Esta alta liquidez asegura que los inversores puedan comprar y vender divisas con facilidad, lo que reduce los costos de transacción y mejora la eficiencia del mercado.

- **Cobertura de Riesgos:** Las empresas utilizan el mercado de Forex para protegerse contra el riesgo cambiario. Pueden utilizar este mercado para cubrirse contra las fluctuaciones de los tipos de cambio y evitar pérdidas financieras debido a cambios adversos en las tasas de cambio.

- **Diversificación de Inversiones:** Los inversores pueden diversificar sus carteras al incluir activos en monedas

extranjeras. Esto les permite reducir el riesgo al no depender
únicamente de una sola moneda o economía.

- **Inversión y Especulación:** Los inversores individuales
  pueden aprovechar el mercado Forex para invertir en
  monedas extranjeras y especular sobre las fluctuaciones de
  las tasas de cambio. Esto ofrece oportunidades de inversión
  y comercio a nivel global.

- Acceso **a Datos Económicos:** El Forex está influenciado por
  factores económicos y políticos en todo el mundo. Los
  inversores pueden utilizar eventos económicos, como
  informes de empleo o decisiones de política monetaria, para
  tomar decisiones en sus operaciones (ver sección IV.
  Principales Catalizadores del Mercado: Eventos Económicos
  y Magnitudes Macro en el Trading).

- **Transparencia y Regulación:** Aunque descentralizado, el
  mercado de Forex está regulado en muchos países y es
  transparente. Esto ayuda a proteger a los inversores y
  garantizar la integridad del mercado.

- **Indicador de la Salud Económica:** Las tasas de cambio en el
  Forex a menudo reflejan la salud económica de un país. Los
  inversores y economistas utilizan estas tasas para evaluar la
  estabilidad y el desempeño económico de una nación.

84. ¿Qué es un par de divisas y diferencia entre "mayores" y "exóticos"?

Un par de divisas es la cotización de dos monedas diferentes en el
mercado de Forex y representa la relación entre el valor de una
moneda con respecto a la otra. Los pares de divisas se dividen en tres
categorías principales:

1. **Pares de Divisas Principales ("Majors"):** Estos son los pares
   más negociados y líquidos del mercado de Forex. Incluyen
   las principales monedas del mundo y siempre involucran al
   dólar estadounidense (USD). Algunos ejemplos de pares
   principales son: o EUR/USD (euro/dólar estadounidense)
   o USD/JPY (dólar estadounidense/yen japonés) o
   GBP/USD (libra esterlina/dólar estadounidense)

2. **Pares de Divisas Menores ("Minors" o "Secundarios"):** Estos pares no incluyen al dólar estadounidense, pero aún son bastante líquidos y se negocian activamente. Ejemplos de pares menores incluyen:

   o EUR/GBP (euro/libra esterlina) o AUD/JPY (dólar australiano/yen japonés) o GBP/JPY (libra esterlina/yen japonés)

3. **Pares de Divisas Exóticos ("Exotics"):** Estos pares implican una moneda importante y una moneda de una economía más pequeña o emergente. Son menos líquidos y tienen spreads (diferencia entre el precio de compra y venta) más amplios que los pares principales y menores. Algunos ejemplos de pares exóticos son:

   o USD/TRY (dólar estadounidense/lira turca) o EUR/TRY (euro/lira turca) o USD/SGD (dólar estadounidense/dólar singapurense)

Diferencias clave entre pares de divisas "mayores" y "exóticos"

- **Liquidez:** Los pares principales son los más líquidos y tienen spreads más estrechos debido a su alta actividad de negociación. Los pares exóticos son menos líquidos y pueden tener spreads significativamente más amplios (ver apartado 17).
- **Volatilidad:** Los pares exóticos tienden a ser más volátiles que los pares principales. Esto significa que pueden experimentar movimientos de precios más bruscos en un período de tiempo más corto.
- **Riesgo:** Debido a su menor liquidez y mayor volatilidad, los pares exóticos conllevan un mayor riesgo para los inversores. Los traders suelen tener experiencia antes de operar con estos pares.

85. ¿Qué es un tipo de cambio?

Un tipo de cambio es el precio relativo entre dos monedas diferentes. Indica cuánta unidad de una moneda se necesita para comprar una

unidad de otra moneda. En otras palabras, representa la tasa a la que
una moneda puede ser intercambiada por otra.

Los tipos de cambio son fundamentales en el mercado de divisas
(Forex) y tienen un impacto significativo en el comercio internacional,
las inversiones internacionales y la economía global. Pueden fluctuar
debido a una variedad de factores, como la oferta y la demanda de
las monedas, las políticas económicas y monetarias de los países, los
eventos geopolíticos y las condiciones económicas.

Los tipos de cambio se cotizan generalmente en pares de divisas,
donde una moneda se denomina "moneda base" y la otra se denomina
"moneda cotizada". La moneda base es la que se está comprando o
vendiendo, mientras que la moneda cotizada es la que se está
utilizando para realizar la transacción. El tipo de cambio muestra
cuánta moneda cotizada se necesita para obtener una unidad de
moneda base.

Por ejemplo, en el par de divisas EUR/USD, el euro (EUR) es la
moneda base y el dólar estadounidense (USD) es la moneda cotizada.
Si el tipo de cambio es 1.20 en este par, significa que necesitas 1.20
dólares estadounidenses para comprar 1 euro.

86. ¿Qué es un lote, minilote y microlote en Forex?

En el mercado de Forex, un lote es una unidad de medida que se
utiliza para cuantificar el volumen de una operación. Los tamaños
estándar de lote son los siguientes:

- **Lote Estándar:** Un lote estándar representa 100,000 unidades
  de la moneda base en un par de divisas. Por ejemplo, si estás
  operando el par EUR/USD y abres una posición con un lote
  estándar, estás controlando 100,000 euros.
- **Minilote:** Un minilote es una décima parte de un lote
  estándar y representa 10,000 unidades de la moneda base en
  un par de divisas. Si operas con un minilote en el par
  EUR/USD, estás controlando 10,000 euros.

- **Microlote:** Un microlote es una décima parte de un minilote
y representa 1,000 unidades de la moneda base en un par de
divisas. Si operas con un microlote en el par EUR/USD, estás
controlando 1,000 euros.

La elección del tamaño del lote depende de tus objetivos de
inversión, tolerancia al riesgo y capital disponible. Aquí hay algunas
consideraciones importantes:

- **Lote Estándar:** Este tamaño de lote implica un mayor riesgo
debido a su mayor tamaño. Es más adecuado para
inversores o traders con una cantidad significativa de capital
para invertir.
- **Minilote:** Los minilotes son populares entre traders
minoristas y son adecuados para aquellos que desean operar
con un riesgo menor en comparación con un lote estándar.
Requieren menos capital para comenzar.
- **Microlote:** Los microlotes son ideales para principiantes o
aquellos que desean practicar sus estrategias de trading con
un riesgo mínimo. Son accesibles incluso para inversores con
un capital limitado.

Es importante recordar que el tamaño del lote también afecta al
valor de pip (el cambio mínimo en el precio de un par de divisas) en
una operación. Cuanto mayor sea el tamaño del lote, mayor será el
valor de pip (ver apartado 89), lo que puede influir en tus ganancias
o pérdidas potenciales. Por lo tanto, debes elegir un tamaño de lote
que se ajuste a tu perfil de riesgo y estrategia de trading.

87. ¿Qué significa el apalancamiento en Forex?

El apalancamiento en Forex se refiere a la capacidad de controlar una
gran cantidad de dinero en una operación con una inversión
relativamente pequeña. En otras palabras, es un préstamo que el
bróker de Forex proporciona a un trader para permitirle abrir
posiciones más grandes de lo que su capital inicial le permitiría.

El apalancamiento se expresa como una proporción o relación, como 50:1, 100:1, 500:1, etc. Esta relación indica cuántas veces se multiplica tu capital inicial para determinar el tamaño de la posición que puedes controlar. Aquí hay un ejemplo para ilustrar cómo funciona:

- Si tienes $1,000 en tu cuenta de trading y utilizas un apalancamiento de 100:1, puedes controlar una posición de hasta $100,000 en el mercado.
- Si utilizas un apalancamiento de 500:1 con los mismos $1,000, podrías controlar una posición de hasta $500,000.

El apalancamiento puede ser una herramienta poderosa en el trading de Forex, ya que permite a los traders amplificar sus ganancias potenciales. Sin embargo, también aumenta el riesgo de pérdidas significativas. Es importante comprender que el apalancamiento funciona en ambas direcciones: mientras que puedes obtener ganancias sustanciales con una inversión pequeña, también puedes enfrentar pérdidas considerables si el mercado se mueve en contra de tus posiciones.

Puntos clave sobre el apalancamiento en Forex.

1. **Mayor Potencial de Ganancias y Pérdidas:** El apalancamiento aumenta tanto las ganancias como las pérdidas potenciales. Los traders deben ser conscientes de esta dualidad.
2. Tamaño **de la Posición:** El tamaño de la posición que puedes controlar con el apalancamiento depende de la relación de apalancamiento y el capital disponible en tu cuenta.
3. **Gestión de Riesgos:** Es fundamental tener una sólida estrategia de gestión de riesgos al operar con apalancamiento para limitar las pérdidas y proteger tu capital.
4. **Requisitos de Margen:** El apalancamiento está relacionado con los requisitos de margen. Los brókers exigen un margen como garantía para abrir y mantener una posición apalancada (ver apartado 13).
5. **Niveles de Apalancamiento:** Los niveles de apalancamiento disponibles pueden variar según el bróker y la regulación en tu área. Algunas jurisdicciones tienen restricciones en los niveles de apalancamiento para proteger a los inversores minoristas. Por ejemplo, el máximo apalancamiento permitido en países de

Europa regulados por la ESMA (Autoridad Europea de Mercados Financieros) es de 30:1.

88. ¿Cuál es la diferencia entre broker de forex market maker y ECN?

La principal diferencia entre un broker de Forex market maker y un broker de Forex ECN (Electronic Communication Network) radica en cómo ejecutan las órdenes de sus clientes y cómo manejan las transacciones en el mercado de divisas. Las otras diferencias clave son:

1. *Modelo de Ejecución:*
   - **Broker Market Maker:** Los brokers market maker crean un mercado interno para sus clientes. Cuando un cliente realiza una orden, el broker actúa como la contraparte de esa operación, es decir, toma la posición opuesta. Esto significa que el broker no está enviando la orden directamente al mercado interbancario, sino que la está gestionando internamente. Los brokers market maker ganan dinero a través del spread (diferencia entre el precio de compra y venta) y pueden tener intereses contrapuestos a los de sus clientes en algunas situaciones.
   - **Broker ECN:** Los brokers ECN actúan como intermediarios que conectan a sus clientes directamente con el mercado interbancario. En lugar de ser la contraparte de las operaciones, transmiten las órdenes de sus clientes a una red de proveedores de liquidez, que pueden ser bancos u otras instituciones financieras. Los precios y la liquidez en un broker ECN son proporcionados por el mercado, y los traders pueden ver la profundidad del mercado en tiempo real.

2. *Transparencia:*
   - **Broker Market Maker:** Los brokers market maker pueden tener un cierto grado de falta de transparencia, ya que no siempre muestran los precios y la liquidez del mercado interbancario. Los spreads pueden variar y, en

ocasiones, pueden haber recotizaciones (cambios en el precio de la orden antes de su ejecución).

- **Broker ECN:** Los brokers ECN tienden a ofrecer mayor transparencia, ya que proporcionan acceso directo al mercado interbancario. Los traders pueden ver los precios en tiempo real.

3. **Spreads y Comisiones:**
   - **Broker Market Maker:** Los brokers market maker ofrecen spreads fijos o variables, y sus ingresos provienen principalmente del spread. Pueden no cobrar comisiones adicionales por las operaciones.
   - **Broker ECN:** Los brokers ECN suelen ofrecer spreads variables y cobran comisiones por las operaciones. Aunque los spreads pueden ser más bajos en condiciones normales de mercado, los traders deben pagar una comisión por cada operación de apertura y cierre.

4. **Conflictos de Interés:**
   - **Broker Market Maker:** Debido a que el broker puede ser la contraparte de las operaciones de sus clientes, existe el potencial conflictos de interés, ya que el éxito del trader puede traducirse en pérdidas para el broker.
   - **Broker ECN:** Los brokers ECN tienden a tener menos conflictos de interés, ya que su beneficio proviene principalmente de las comisiones y no de las pérdidas de los clientes.

La elección entre un broker de Forex market maker y un broker de Forex ECN depende de las preferencias del trader y su estilo de trading. Los traders que valoran la transparencia y la ejecución rápida pueden preferir un broker ECN, mientras que aquellos que buscan spreads potencialmente más ajustados y sin comisiones extra pueden considerar un broker market maker. En cualquier caso, es esencial investigar y elegir un broker confiable y regulado, independientemente de su modelo de negocio.

Un "pip" en Forex es una unidad de medida que se utiliza para expresar los cambios en los precios de los pares de divisas. La palabra "pip" es una abreviatura de "percentage in point" (porcentaje en punto) o "price interest point" (punto de interés de precio). Los pips representan el movimiento más pequeño posible en el precio de un par de divisas.

La traducción en dinero de un pip en tu cuenta de trading depende del tamaño del lote que estés utilizando en tu operación y de la moneda en la que tu cuenta está denominada. Aquí tienes un ejemplo para entenderlo mejor:

Supongamos que estás operando el par de divisas EUR/USD, que es uno de los pares más populares en Forex. En este caso, el valor de un pip es generalmente igual a 0.0001, o 1/10000 del precio. Si tu cuenta está denominada en dólares estadounidenses (USD) y estás operando un lote estándar de 100,000 euros, puedes calcular el valor de un pip de la siguiente manera:

Valor en dinero por pip = Tamaño del lote × Valor de un pip

Valor en dinero por pip = 100,000 euros × 0.0001

Valor en dinero por pip = 10 dólares estadounidenses (USD)

Entonces, en este ejemplo, un pip en tu cuenta de trading representaría una ganancia o pérdida de 10 dólares estadounidenses cuando operas un lote estándar de EUR/USD.

Es importante recordar que el valor de un pip puede variar dependiendo del tamaño del lote y del par de divisas que estás operando. Además, en algunos pares de divisas, como los que involucran el yen japonés (JPY), un pip se mide en el segundo decimal después del punto decimal en lugar del cuarto decimal. Veamos un ejemplo del valor de un pip en el par de divisas USD/JPY con una cotización de 100 y una cuenta denominada en dólares estadounidenses (USD:

1. **Cotización y conversión:**
   - La cotización de 100 significa que un dólar estadounidense (USD) equivale a 100 yenes japoneses (JPY). En otras palabras, 1 USD = 100 JPY.
2. **Tamaño del lote:**
   - Supongamos que estás operando un lote estándar de 100,000 dólares estadounidenses (USD) en el par USD/JPY.
3. **Valor de un pip:**
   - El valor de un pip en USD/JPY se mide en el segundo decimal después del punto decimal, que es 0.01. Esto significa que un cambio de 1 pip en el precio representa un cambio de 0.01 en la cotización.

Ahora, calcularemos el valor de un pip:

Valor en dinero por pip = Tamaño del lote × Valor de un pip

Valor en dinero por pip = 100,000 USD × 0.01 (un pip en USD/JPY)

Valor en dinero por pip = 1,000 JPY (en términos de la cotización de 100)

Para convertir el valor en dinero por pip de JPY a USD, debemos dividirlo por la cotización:

Valor en dinero por pip en USD = Valor en dinero por pip en JPY / Cotización

Valor en dinero por pip en USD = 1,000 JPY / 100

Valor en dinero por pip en USD = 10 USD

Entonces, en este ejemplo, un pip en tu cuenta de trading representaría una ganancia o pérdida de 10 dólares estadounidenses cuando operas un lote estándar de USD/JPY. El valor de un pip es el mismo (expresados en dólares) tanto si se trata de un pip del par EUR/USD o del par USD/JPY.

Tener una comprensión clara del valor de un pip es esencial para calcular las ganancias y pérdidas en tus operaciones de Forex, así como para gestionar adecuadamente tu riesgo y tomar decisiones informadas en el mercado.

Conviene recordar que el valor de un pip depende del tamaño del lotaje que se esté usando, así, si el valor de un pip para un lote estándar es de 10 dolares, para un minilote será 1 dólar por pip y para un microlote será 0,10 dólares por pip.

90. ¿Qué es una "Margin Call" y cuándo se produce?

Una "Margin Call" es una notificación o advertencia que envía un bróker cuando una cuenta de trading ha alcanzado un nivel de margen insuficiente para mantener las posiciones abiertas. En otras palabras, significa que la cuenta no tiene suficiente capital para cubrir las pérdidas potenciales en las operaciones que están en marcha.

Cuando se recibe una "Margin Call", el bróker está indicando que hay que depositar más fondos en la cuenta de trading para cubrir las pérdidas potenciales y restaurar un nivel de margen adecuado. Si no se toman medidas y no se añaden fondos adicionales a la cuenta, es posible que el bróker cierre automáticamente algunas o todas las posiciones abiertas para evitar mayores pérdidas que superen el saldo de la cuenta.

Las "Margin Calls" son una parte importante de la gestión de riesgos en el trading con apalancamiento, ya que ayudan a prevenir que tu cuenta entre en saldo negativo y acumules deudas con tu bróker.

Ejemplo de situación en que se produciría una Margin Call:

Supongamos que tienes una cuenta de trading con un saldo inicial de 10,000 dólares y decides operar con un apalancamiento de 30:1. Esto significa que puedes controlar posiciones por un valor total de 300,000 dólares (10,000 dólares multiplicados por 30) con solo 10,000 dólares de tu cuenta.

Abres una posición en el par de divisas EUR/USD con un tamaño de lote estándar de 100,000 euros. Si el margen requerido para esta

operación es del 3.33%, significa que debes tener al menos el 3.33%
del valor de la posición como margen en tu cuenta. En este caso, el
margen requerido sería:

Margen requerido = Valor de la posición × Margen requerido

Margen requerido = 100,000 euros × 3.33% Margen requerido = 3,330
euros

El valor de 3,330 euros es la cantidad mínima de margen que debes
tener en tu cuenta para mantener esta posición abierta. Si el precio del
EUR/USD se mueve en contra de tu posición y las pérdidas hacen
que la cuenta caiga por debajo de los 3,330 euros, es probable que
recibas una "Margin Call".

Supongamos que las pérdidas en tu posición alcanzan -7,000 euros.
En ese momento, tu margen disponible se habría agotado y recibirías
una "Margin Call" del bróker. El bróker te pediría que deposites
fondos adicionales en tu cuenta para cubrir las pérdidas y restaurar
el margen requerido.

Si no tomas acción y no añades fondos adicionales a tu cuenta, el
bróker podría cerrar automáticamente tu posición para evitar que las
pérdidas continúen acumulándose y que tu cuenta entre en saldo
negativo.

VIII. Mercados y Activos Más Comunes (Criptomonedas)

91. ¿Qué son las criptomonedas?

Las criptomonedas son un tipo de moneda digital o virtual que utiliza criptografía para garantizar la seguridad de las transacciones y controlar la creación de nuevas unidades. A diferencia de las monedas tradicionales emitidas por gobiernos o bancos centrales, las criptomonedas son descentralizadas y operan en una tecnología llamada blockchain o cadena de bloques.

Algunas características clave de las criptomonedas:

- **Descentralización:** No están controladas por una autoridad central, como un gobierno o un banco central. En su lugar, las criptomonedas funcionan en una red de nodos distribuidos en todo el mundo.

- **Seguridad:** Utilizan criptografía avanzada para proteger las transacciones y controlar la creación de nuevas unidades. Esto hace que las transacciones sean seguras y transparentes.

- **Transparencia:** Todas las transacciones realizadas con criptomonedas se registran en una cadena de bloques pública, lo que permite una total transparencia y verificación de las transacciones.

- **Anonimato relativo:** Mientras que las transacciones son transparentes, las identidades de las personas involucradas generalmente están cifradas, lo que proporciona cierto grado de anonimato.

- **Volatilidad:** Las criptomonedas son conocidas por su volatilidad de precios. Sus valores pueden fluctuar significativamente en un corto período de tiempo.

- **Amplia variedad:** Existen miles de criptomonedas diferentes, cada una con sus características y casos de uso únicos. Bitcoin (BTC) y Ethereum (ETH) son dos de las criptomonedas más conocidas, pero hay muchas otras en el mercado.

- **Uso diverso:** Se utilizan para una variedad de propósitos, que van desde la inversión y el comercio hasta la

transferencia de fondos transfronteriza y la creación de
contratos inteligentes. Debido al anonimato que ofrecen,
algunas veces son usadas para transacciones ilegales
enmarcadas dentro del mercado negro.

• **Acceso global:** Las criptomonedas pueden ser utilizadas por
cualquier persona con acceso a Internet, lo que las hace
accesibles en todo el mundo.

Es importante tener en cuenta que el mercado de criptomonedas es
altamente especulativo y puede ser arriesgado debido a su
volatilidad. Antes de involucrarse en el comercio o inversión en
criptomonedas, es recomendable entender bien cómo funcionan y
considerar cuidadosamente la tolerancia al riesgo del trader.

92.   ¿Cuál fue la primera criptomoneda y quién la creó?

La primera criptomoneda y la más conocida es el Bitcoin (BTC). Fue
creada por una persona o grupo de personas bajo el seudónimo de
"Satoshi Nakamoto". El lanzamiento del Bitcoin se anunció en un
whitepaper (informe técnico) titulado "Bitcoin: A Peer-to-Peer
Electronic Cash System" (Bitcoin: Un Sistema de Efectivo Electrónico
Peer-to-Peer) publicado en 2008.

El Bitcoin se puso en funcionamiento en enero de 2009 cuando se
extrajo el primer bloque de la cadena de bloques de Bitcoin, conocido
como el "bloque génesis". Satoshi Nakamoto desarrolló el protocolo
de Bitcoin y la primera versión del software de código abierto que
permitía a las personas crear y gestionar sus propias billeteras de
Bitcoin y realizar transacciones en la red.

Bitcoin se creó con el propósito de servir como una forma de dinero
digital peer-to-peer, lo que significa que las personas pueden realizar
transacciones directamente entre sí sin necesidad de intermediarios,
como bancos o gobiernos. Su tecnología subyacente, la cadena de
bloques (blockchain), se utiliza para registrar todas las transacciones
de manera segura y transparente.

El lanzamiento del Bitcoin marcó el inicio de la era de las criptomonedas y ha inspirado la creación de miles de otras criptomonedas con diferentes características y casos de uso. Aunque la identidad de Satoshi Nakamoto sigue siendo un misterio, su contribución al desarrollo de las criptomonedas y la tecnología blockchain es incuestionable.

93. ¿Cómo se crean las criptomonedas? (Minería de criptomonedas).

Las criptomonedas se crean a través de un proceso llamado "minería" en la mayoría de los casos, especialmente en el caso de las criptomonedas basadas en la tecnología blockchain, como Bitcoin.

¿Cómo funciona el proceso de creación de criptomonedas?

1. **Registro de transacciones:** Todas las transacciones que involucran una criptomoneda, como Bitcoin, se registran en un libro de contabilidad público y descentralizado llamado "blockchain" o cadena de bloques. El blockchain es una cadena de bloques de datos en constante crecimiento que almacena información sobre todas las transacciones que han ocurrido en la red.

2. **Minería:** Los mineros son individuos o grupos de personas que utilizan poderosos equipos informáticos para resolver complejos problemas matemáticos. Estos problemas son parte del proceso de validación y registro de las transacciones en el blockchain. A medida que resuelven estos problemas, agregan un nuevo bloque de transacciones a la cadena de bloques. A cambio de su trabajo, los mineros son recompensados con criptomonedas, como Bitcoin.

3. **Recompensa del bloque:** Cada vez que un nuevo bloque se agrega al blockchain, el minero que lo resolvió recibe una recompensa en forma de nuevas criptomonedas. Por ejemplo, en el caso de Bitcoin, cuando se agrega un nuevo bloque, el minero recibe una cierta cantidad de bitcoins

como recompensa. Esta recompensa se conoce como "recompensa del bloque" o "recompensa de minería".

4. **Halving:** Para controlar la emisión de nuevas criptomonedas y limitar la oferta total, muchas criptomonedas, incluyendo Bitcoin, tienen un mecanismo llamado "halving" o reducción a la mitad. Cada cierto número de bloques minados, la recompensa del bloque se reduce a la mitad. Esto ocurre periódicamente hasta que se alcance el suministro máximo de la criptomoneda, que en el caso de Bitcoin es de 21 millones de bitcoins.

5. **Validación de transacciones:** Además de agregar nuevos bloques al blockchain, los mineros también validan las transacciones dentro de esos bloques para garantizar que sean legítimas y cumplan con las reglas de la red. Esto es esencial para mantener la integridad y seguridad de la red.

6. **Transacciones de usuarios:** Los usuarios de la criptomoneda realizan transacciones entre sí utilizando billeteras digitales. Estas transacciones se envían a la red y son registradas en el blockchain por los mineros.

7. **Confirmación:** Después de que una transacción se registra en el blockchain, se requieren múltiples confirmaciones adicionales de otros mineros para garantizar su validez. Cuantas más confirmaciones tenga una transacción, mayor será la seguridad de la transacción que es irreversible.

Por tanto, las criptomonedas se crean a través de la minería, un proceso en el que, cuando se acumula cierto número de transacciones, los mineros las validan y registran en un blockchain y son recompensados con nuevas unidades de la criptomoneda. Este proceso garantiza la seguridad y la integridad de la red, así como la emisión controlada de nuevas criptomonedas. Cabe destacar que el proceso de creación de criptomonedas puede variar según la criptomoneda específica y su tecnología subyacente.

94. ¿Qué es la tecnología blockchain y su papel en las criptomonedas?

La tecnología blockchain es una estructura de datos descentralizada y distribuida que se utiliza para registrar y verificar transacciones en una red. Su papel principal en las criptomonedas, como Bitcoin, es servir como un libro de contabilidad público y transparente que registra todas las transacciones realizadas con esa criptomoneda.

¿Cómo funciona en el contexto de las criptomonedas?

- **Estructura de bloques:** La blockchain es una cadena de bloques, donde cada "bloque" es un registro de transacciones. Los bloques están vinculados entre sí de manera secuencial, lo que forma una cadena continua de información.

- **Descentralización:** A diferencia de los sistemas centralizados tradicionales, como los bancos, la blockchain es descentralizada. Esto significa que no hay una entidad central (como un banco o un gobierno) que controle la red. En cambio, la blockchain es mantenida por una red distribuida de nodos (computadoras) por todo el mundo que validan y registran las transacciones.

- **Criptografía:** Las transacciones registradas en la blockchain están protegidas mediante criptografía avanzada. Cada bloque contiene un hash criptográfico del bloque anterior, lo que asegura la integridad de la cadena. Además, las billeteras digitales utilizan claves criptográficas para garantizar la seguridad de las transacciones.

- **Transparencia:** Todas las transacciones en la blockchain son visibles para todos los participantes de la red. Cualquier persona puede verificar las transacciones pasadas y el saldo de una dirección de billetera específica.

- **Inmutabilidad:** Una vez que una transacción se registra en la blockchain, es prácticamente imposible alterarla. Esto garantiza la confiabilidad y la seguridad de las transacciones pasadas.

- **Consenso:** Para agregar un nuevo bloque a la cadena, la mayoría de los nodos (computadoras) en la red deben ponerse de acuerdo y validar la transacción. Esto se logra mediante algoritmos de consenso, como el "proof of work" (prueba de trabajo) utilizado en Bitcoin.

En el contexto de las criptomonedas, cada vez que se realiza una transacción, se agrega a un bloque en la cadena de bloques correspondiente. Los mineros de criptomonedas, que son usuarios que utilizan sus recursos computacionales para resolver problemas matemáticos complejos, validan estas transacciones y las agrupan en bloques. Luego, estos bloques se agregan a la cadena de bloques existente.

La tecnología blockchain es esencial para garantizar la seguridad, la transparencia y la confiabilidad de las criptomonedas. Proporciona un registro público y verificable de todas las transacciones, lo que elimina la necesidad de intermediarios y promueve la confianza en la red. Además, su diseño descentralizado reduce la vulnerabilidad a ataques y manipulaciones centralizadas.

95. ¿Cómo se almacenan las criptomonedas de forma segura?

Almacenar criptomonedas de forma segura es fundamental para proteger tus activos digitales de posibles robos o pérdidas.

Métodos clave para almacenar criptomonedas de manera segura:

1. **Billeteras de hardware:** Una de las formas más seguras de almacenar criptomonedas es utilizando una billetera de hardware. Estos dispositivos físicos almacenan tus claves privadas fuera de línea, lo que las hace inaccesibles para hackers en línea. Solo se conectan a una computadora cuando deseas realizar una transacción. Es una opción especialmente segura para grandes cantidades de criptomonedas.

2. **Billeteras de software seguras:** Si prefieres una opción más práctica pero igualmente segura, puedes utilizar billeteras de software seguras. Asegúrate de descargar estas billeteras

solo desde fuentes confiables y mantener tu sistema operativo y software antivirus actualizados.

3. **Billeteras móviles:** Las billeteras móviles son aplicaciones que puedes instalar en tu teléfono inteligente. Algunas de ellas ofrecen una buena combinación de seguridad y accesibilidad. Sin embargo, debes asegurarte de que tu dispositivo móvil esté protegido con un código PIN y autenticación de dos factores (2FA).

4. **Billeteras en línea:** Las billeteras en línea, o billeteras web, son accesibles desde cualquier lugar a través de un navegador web. Algunos ejemplos son Coinbase y Binance. Aunque son convenientes para el comercio, pueden ser más vulnerables a ataques cibernéticos. Úsalas para cantidades pequeñas y activos que planeas comerciar, pero evita almacenar grandes sumas en ellas.

5. **Almacenamiento en papel (paper wallets):** Una opción extremadamente segura es crear una billetera en papel. Esto implica generar una clave privada y una clave pública, luego imprimir o anotar físicamente estas claves en un papel y guardarlas en un lugar seguro y a prueba de daños. Ten en cuenta que si pierdes la copia física, podrías perder acceso a tus fondos.

Consejos para un correcto almacenaje de criptomonedas:

- **Almacenamiento en frío:** Mantén la mayor parte de tus criptomonedas en almacenamiento en frío, como una billetera de hardware o una billetera en papel, fuera de línea y lejos de la conexión a internet. Solo conserva una cantidad pequeña en billeteras en línea para el comercio y transacciones cotidianas.
- **Autenticación de dos factores (2FA):** Habilita siempre la autenticación de dos factores (2FA) en tus billeteras y cuentas relacionadas. Esto agrega una capa adicional de seguridad al requerir un segundo código o autorización para iniciar sesión o realizar transacciones.

- **Actualizaciones y seguridad de la computadora:** Mantén tu sistema operativo y software antivirus actualizados para proteger tu computadora de posibles amenazas cibernéticas.
- **Respaldo y recuperación:** Si utilizas una billetera de software, asegúrate de tener copias de seguridad seguras de tus claves privadas o frases de recuperación. Algunas billeteras de hardware también ofrecen frases de recuperación que debes guardar en un lugar seguro.
- **Educación:** Aprende sobre las mejores prácticas de seguridad y mantente informado sobre las amenazas potenciales. La educación continua es esencial para proteger tus activos criptográficos. Recuerda que la seguridad de tus criptomonedas es tu responsabilidad.

96. ¿Cómo se verifica una transacción de criptomonedas?

La verificación de una transacción de criptomonedas implica garantizar que la transacción sea válida y segura. Esto se logra mediante un proceso llamado "confirmación de transacciones".

¿Cuál es el proceso de verificación?

1. **Creación de la Transacción:** El proceso comienza cuando un usuario decide realizar una transacción de criptomonedas, como enviar una cierta cantidad de una criptomoneda a otra persona. El usuario debe crear una transacción que incluye detalles como la dirección del destinatario y la cantidad que se va a transferir.

2. **Firma Digital:** Para garantizar la seguridad de la transacción, el remitente debe firmar digitalmente la transacción utilizando su clave privada. Esta firma es única y garantiza que la transacción proviene del titular legítimo de las criptomonedas.

3. **Difusión de la Transacción:** Una vez que la transacción está firmada digitalmente, se difunde a través de la red de la

criptomoneda en cuestión. Esto implica que la información de la transacción se distribuye a los nodos de la red para su verificación.

4. **Verificación de la Red:** Los nodos de la red, que son computadoras que participan en la operación de la cadena de bloques, reciben la transacción y la verifican. Realizan varias comprobaciones para asegurarse de que la transacción sea válida. Algunas de estas comprobaciones incluyen:
   • Verificar la firma digital para asegurarse de que proviene del titular legítimo.
   • Comprobar si el remitente tiene suficientes fondos para realizar la transacción.
   • Asegurarse de que la transacción no sea un intento de gasto doble (es decir, que los mismos fondos no se hayan gastado en otra transacción).

5. **Inclusión en un Bloque:** Una vez que la transacción ha sido verificada por la red, se incluye en un bloque de transacciones. Los bloques son segmentos de datos que contienen múltiples transacciones y se enlazan entre sí para formar la cadena de bloques (Blockchain).

6. **Minería:** Para agregar el bloque a la cadena de bloques, los mineros deben resolver un complejo problema matemático. El primer minero en resolver el problema valida el bloque y agrega la transacción al registro público. A cambio de su trabajo, el minero recibe una recompensa en criptomonedas y las tarifas de transacción asociadas.

7. **Confirmaciones:** Una vez que la transacción se ha incluido en un bloque y ha sido minada, se considera confirmada. La cantidad de confirmaciones necesarias varía según la criptomoneda, pero generalmente, cuantas más se esperan, más segura se considera la transacción. Por ejemplo, en Bitcoin, se sugiere esperar al menos seis confirmaciones para transacciones seguras.

La verificación de una transacción de criptomonedas implica una serie de pasos que garantizan su validez y seguridad. Este proceso es fundamental para la confianza y la integridad de las criptomonedas y su tecnología subyacente conocida como blockchain.

97. ¿Qué es una ICO (Oferta Inicial de Monedas) y cómo funcionan?

Una ICO, que significa "Oferta Inicial de Monedas" en inglés, es un método de financiamiento utilizado por proyectos y empresas que están desarrollando una criptomoneda o un proyecto relacionado con la tecnología blockchain. Funciona de manera similar a una Oferta Pública Inicial en el mercado de valores tradicional, pero en lugar de acciones, se emiten tokens criptográficos a los inversores.

Cómo funcionan las ICO:

1. **Creación de un proyecto:** Un equipo o empresa tiene una idea para desarrollar una nueva criptomoneda, plataforma blockchain o proyecto relacionado con la tecnología blockchain. Esto podría ser cualquier cosa, desde una nueva criptomoneda hasta una plataforma para aplicaciones descentralizadas (DApps).

2. **Planificación y desarrollo:** El equipo elabora un plan detallado que describe el proyecto, su visión, objetivos, tecnología subyacente y cómo se utilizarán los fondos recaudados. También se desarrolla un libro blanco (whitepaper) que proporciona información técnica y detalles sobre la ICO.

3. **Determinación de la oferta:** El equipo decide cuántos tokens emitirá en la ICO y a qué precio se ofrecerán inicialmente. Por lo general, se establece un límite máximo de recaudación para la ICO.

4. **Lanzamiento de la ICO:** El equipo anuncia la ICO y comienza a aceptar inversiones en criptomonedas, como

Bitcoin (BTC) o Ethereum (ETH). Los inversores que participan en la ICO compran tokens del proyecto.

5. **Recaudación de fondos:** Durante el período de la ICO, los inversores contribuyen con criptomonedas y reciben tokens a cambio. Estos tokens pueden representar una participación en el proyecto, acceso a servicios futuros o tener otros usos específicos dentro del ecosistema del proyecto.

6. **Desarrollo del proyecto:** Después de la ICO y una vez recaudados los fondos, el equipo utiliza los recursos para desarrollar y poner en marcha el proyecto según lo prometido en el libro blanco.

7. **Listado en intercambios:** Los tokens emitidos en la ICO a menudo se cotizan en intercambios de criptomonedas después de que finaliza la ICO, lo que permite a los inversores comprar, vender o intercambiar los tokens en el mercado abierto.

8. **Uso de los tokens:** Los inversores pueden usar los tokens adquiridos durante la ICO de diversas maneras, según lo establecido por el proyecto. Esto podría incluir la participación en la red, la votación en decisiones de gobernanza, el acceso a servicios o aplicaciones, entre otros.

Es importante tener en cuenta que las ICO pueden ser inversiones arriesgadas, ya que no todos los proyectos son exitosos y algunos pueden resultar en pérdidas significativas o incluso ser un fraude. Por lo tanto, es esencial investigar cuidadosamente cualquier proyecto en el que estés interesado y comprender los detalles antes de invertir en una ICO. Además, las regulaciones en torno a las ICO varían según el país y están en constante cambio, por lo que es importante cumplir con las leyes locales y buscar asesoramiento legal si es necesario.

98.   ¿Cuál es la diferencia entre Bitcoin y Ethereum?

Bitcoin y Ethereum son dos de las criptomonedas más conocidas y ampliamente utilizadas en el mercado, pero tienen diferencias significativas en términos de tecnología y casos de uso. Estas son algunas de las principales diferencias entre Bitcoin y Ethereum:

1. *Objetivos y casos de uso:*

   - **Bitcoin:** Bitcoin fue la primera criptomoneda y su principal objetivo es servir como una forma de dinero digital. Se diseñó principalmente como una reserva de valor y un medio de intercambio digital. Su objetivo principal es permitir transacciones financieras descentralizadas y seguras sin la necesidad de intermediarios.
   - **Ethereum:** Ethereum se creó con un enfoque más amplio que Bitcoin. Además de ser una criptomoneda (Ether o ETH), Ethereum permite la ejecución de contratos inteligentes. Los contratos inteligentes son programas autónomos que pueden automatizar acuerdos y aplicaciones descentralizadas (DApps). Estos contratos permiten la automatización y verificación de acuerdos sin necesidad de intermediarios y son utilizados en aplicaciones financieras, legales y de cadena de suministro, entre otras. Por ejemplo, asegurar que los derechos de autor se respeten automáticamente cuando se venden contenidos digitales, préstamos y pagos que se liberan automáticamente al vencimiento, sin necesidad de intermediarios, etc…

2. *Tecnología subyacente:*
   - **Bitcoin:** Bitcoin utiliza una tecnología de contabilidad distribuida llamada blockchain, que es una cadena de bloques que registra todas las transacciones de Bitcoin. Su enfoque principal es ser una moneda digital segura y resistente a la censura.
   - **Ethereum:** Ethereum también utiliza una blockchain, pero su blockchain es más versátil y permite la ejecución de

código personalizado a través de contratos inteligentes. Esto significa que Ethereum es más que una criptomoneda; es una plataforma para desarrollar aplicaciones descentralizadas.

3. *Velocidad y escalabilidad:*
   • **Bitcoin:** Bitcoin se centra en la seguridad y la descentralización, lo que significa que las transacciones pueden ser más lentas en comparación con algunas otras criptomonedas. La capacidad de escalabilidad de Bitcoin ha sido un tema de debate en la comunidad criptográfica.
   • **Ethereum:** Ethereum ha trabajado en soluciones de escalabilidad. Ethereum 2.0, es una actualización que debe mejorar la velocidad y la eficiencia de la red. Sin embargo, también se enfrenta a desafíos de escalabilidad.

4. *Lenguajes de programación:*

   • **Bitcoin:** Bitcoin utiliza un lenguaje de script simple y limitado que se utiliza principalmente para definir las condiciones de gasto de las transacciones.
   • **Ethereum:** Ethereum utiliza lenguajes de programación Turing completos, lo que permite a los desarrolladores crear contratos inteligentes personalizados con una amplia gama de funcionalidades.

5. *Comunidad y desarrollo:*
   • **Bitcoin:** Bitcoin tiene una comunidad activa y una sólida base de desarrollo. Suele ser considerado como una reserva de valor digital.
   • **Ethereum:** Ethereum también tiene una comunidad activa, y su enfoque en contratos inteligentes y aplicaciones descentralizadas ha atraído una amplia gama de proyectos y desarrolladores.

Bitcoin y Ethereum son dos criptomonedas con objetivos y casos de uso diferentes. Bitcoin se enfoca principalmente en ser una moneda digital segura, mientras que Ethereum ofrece una plataforma más amplia para crear y ejecutar contratos inteligentes y aplicaciones descentralizadas.

99. ¿Qué es la capacidad de escalabilidad y su importancia a la hora de invertir en criptomonedas?

La capacidad de escalabilidad es un factor importante a considerar al invertir en criptomonedas. Las redes que pueden manejar un alto volumen de transacciones y aplicaciones tienen más probabilidades de tener éxito a largo plazo y ofrecer un mayor valor a los inversores y usuarios. Antes de invertir en una criptomoneda, es importante investigar su escalabilidad y su capacidad para satisfacer las necesidades del mercado actual y futuro por varias razones:

- **Velocidad y Eficiencia:** Una red blockchain escalable puede procesar un mayor número de transacciones por segundo (TPS) de manera rápida y eficiente. Esto es esencial para que las criptomonedas sean prácticas para su uso en la vida cotidiana y para competir con sistemas de pago tradicionales.
- **Costos de Transacción:** Una red congestionada con baja escalabilidad tiende a tener tarifas de transacción más altas. Los inversores y usuarios desean evitar altos costos de transacción, especialmente al realizar operaciones frecuentes.
- **Adopción Masiva:** Para que una criptomoneda alcance una adopción masiva y sea aceptada en una amplia variedad de aplicaciones y mercados, debe ser altamente escalable. Las redes que no pueden manejar un alto volumen de transacciones pueden limitar su utilidad y adopción.
- **Competitividad:** En un mercado de criptomonedas altamente competitivo, las redes que ofrecen una mayor escalabilidad pueden tener una ventaja sobre las que no pueden satisfacer la demanda de los usuarios.
- **Innovación y Desarrollo:** Una red blockchain escalable es un entorno propicio para la innovación y el desarrollo continuo. Los proyectos y las aplicaciones basadas en

blockchain pueden prosperar en una red que puede manejar sus necesidades de escalabilidad.

• **Seguridad:** Si una red no es lo suficientemente escalable, podría ser vulnerable a ataques y manipulación debido a su menor capacidad para procesar transacciones y defenderse contra amenazas.

100.   ¿Qué son las criptomonedas "memes"?

Las criptomonedas "memes" son una categoría especial de criptomonedas que a menudo se crean como una especie de broma o parodia dentro del mundo de las criptomonedas. Estas criptomonedas a menudo no tienen un propósito serio o una utilidad real, y su valor suele estar impulsado en gran parte por la comunidad en línea y los entusiastas con cierta influencia que las respaldan.

El término "meme" en este contexto se refiere a la cultura de Internet, donde los memes son imágenes, videos o ideas virales que se comparten y propagan rápidamente en línea. De manera similar, las criptomonedas "memes" a menudo se crean como un experimento social o una broma, y a veces se basan en memes populares de Internet o referencias humorísticas.

Si estás considerando invertir en criptomonedas "memes", es crucial hacer una investigación exhaustiva y entender los riesgos asociados. Además, ten en cuenta que el mercado de criptomonedas es altamente especulativo, y nunca se debe invertir más de lo que estás dispuesto a perder.

Algunos ejemplos de criptomonedas "memes":

1. **Dogecoin (DOGE):** Dogecoin es una de las criptomonedas "memes" más conocidas y se creó originalmente como una broma basada en el popular meme de Internet "Doge", que presenta a un perro Shiba Inu con subtítulos en inglés mal escritos y graciosos. A pesar de su origen humorístico, Dogecoin ha ganado cierta popularidad y aceptación en línea.

2. **Shiba Inu (SHIB):** Shiba Inu es otra criptomoneda inspirada en el mismo meme de "Doge". Se ha promocionado como "el Dogecoin asesino" y ha ganado atención debido a su naturaleza especulativa.

3. **SafeMoon (SAFEMOON):** SafeMoon es una criptomoneda que ha ganado popularidad en las redes sociales y se presenta como una criptomoneda que recompensa a los titulares a través de un mecanismo de redistribución de tokens.

101. ¿Qué son los activos digitales no fungibles (NFTs)?

Los activos digitales no fungibles (NFTs, por sus siglas en inglés, que significan "Non-Fungible Tokens") son representaciones digitales únicas e indivisibles de activos, objetos o contenido, registradas en una cadena de bloques. A diferencia de las criptomonedas como Bitcoin o Ethereum, que son fungibles y pueden intercambiarse entre sí en cantidades idénticas, los NFTs son únicos y no pueden ser reemplazados uno por otro de la misma manera.

Algunas características clave de los NFTs son:

- **Unicidad:** Cada NFT es único y tiene un identificador único en la cadena de bloques que lo diferencia de cualquier otro activo digital. Esto hace que los NFTs sean ideales para representar objetos o contenido digital único, como arte digital, música, videos, coleccionables virtuales, y más.

- **Propiedad y Autenticidad:** Los NFTs permiten verificar la autenticidad y la propiedad de activos digitales. La información sobre el propietario y el historial de transferencias de un NFT se almacena de manera transparente en la cadena de bloques, lo que garantiza que un NFT sea genuino y propiedad legítima de su titular.

- **Interoperabilidad:** Los NFTs se pueden crear y comercializar en diversas plataformas y mercados en línea. Esto facilita la compra, venta y comercio de activos digitales únicos en todo el mundo.

- **Programabilidad:** Los NFTs pueden incluir código inteligente que permite a los creadores y propietarios agregar funcionalidades específicas. Por ejemplo, un NFT de arte digital podría incluir una comisión que se paga automáticamente al creador cada vez que se revende.
- **Diversidad de Aplicaciones:** Los NFTs se utilizan en una amplia variedad de aplicaciones, incluyendo arte digital, música, videojuegos, bienes raíces virtuales, deportes digitales, coleccionables, experiencias virtuales y más. Cada vez surgen nuevas aplicaciones y casos de uso para los NFTs.
- **Escasez Digital:** Los NFTs pueden representar activos digitalmente escasos o raros. Esta escasez digital puede aumentar su valor y atractivo para los coleccionistas y los entusiastas.

Los NFTs se han convertido en un fenómeno importante en la cultura digital y el mundo del arte, ya que permiten a los creadores y propietarios monetizar y autenticar su trabajo en línea. Como cualquier inversión, es importante entender los riesgos y beneficios antes de comprar o comerciar con NFTs. Estos son algunos ejemplos:

- Arte digital: Obras de arte digital únicas, como "Everydays: The First 5000 Days" de Beeple, que se vendió por casi 70 millones de dólares. Es una colección de 5,000 imágenes individuales, cada una de las cuales Beeple creó a lo largo de 13.5 años, publicando una nueva imagen digital cada día. Estas imágenes individuales se combinaron en una sola obra de arte digital, lo que representa una recopilación de su trabajo diario a lo largo de un extenso período.
- Coleccionables digitales: Juegos como CryptoKitties, donde los jugadores coleccionan gatos digitales únicos.
- Música: Álbumes y canciones lanzadas como NFT, permitiendo a los artistas vender su música directamente a los fanáticos.
- Deportes: Tarjetas coleccionables digitales de deportistas y momentos destacados.
- Realidad virtual: Terrenos virtuales y objetos 3D en mundos virtuales como Decentraland.

- Bienes virtuales: Elementos de videojuegos y mundos virtuales que se pueden comprar y vender como NFT.
- Dominios web: Nombres de dominio en blockchain que se consideran propiedades digitales únicas.

<h1 style="text-align:center">A Modo de Conclusión...</h1>

- **Aprende sin Parar:** Nunca dejes de aprender. Los mercados evolucionan constantemente, así que mantén tu conocimiento actualizado con libros, cursos y noticias financieras.
- **Protege tu Capital a Toda Costa:** Protege tu capital. Utiliza stop-loss y establece límites para evitar grandes pérdidas y preservar tu inversión.
- **No Apuestes Todo en una Sola Carta:** No pongas todos tus recursos en una sola inversión. Distribuye tu dinero en diferentes activos para minimizar riesgos.
- **Controla el Tamaño y Apalancamiento de tus Operaciones:** Controla el tamaño de tus operaciones. No arriesgues demasiado en una sola transacción; así proteges tu capital.
- **Disciplina a Toda Prueba:** Sigue tu plan de trading. La disciplina te ayuda a evitar decisiones impulsivas y a mantenerte enfocado en tu estrategia.
- **Domina el Análisis en Todas sus Formas:** Utiliza ambos tipos de análisis. El técnico se enfoca en gráficos, mientras que el fundamental considera datos económicos.
- **Mira Más Allá del Corto Plazo:** No te dejes llevar por la volatilidad a corto plazo. Mantén una visión a largo plazo para superar las fluctuaciones.
- **Domina tus Emociones:** Controla tus emociones. Evita decisiones basadas en miedo o avaricia, ya que pueden llevar a errores costosos.
- **No Busques el Santo Grial:** No hay una estrategia perfecta. En lugar de buscarla, concéntrate en la gestión de riesgo y la consistencia en tus operaciones.
- **Conéctate y Aprende de Otros:** Aprende de sus experiencias y comparte conocimientos para crecer en el mundo del trading.

Descargo de Responsabilidades.

Nada de lo expuesto en este libro debe considerarse una recomendación de inversión ni pretende influir en las decisiones de compra, venta y gestión de activos financieros. Este descargo de responsabilidad tiene como objetivo informar a los inversores y partes interesadas sobre los riesgos y responsabilidades asociados con las decisiones de inversión. La inversión en activos financieros conlleva un grado de riesgo. Lea atentamente y considere los siguientes puntos antes de tomar cualquier decisión de inversión:

- **Riesgo de Pérdida de Capital**: La inversión en activos financieros puede resultar en la pérdida de capital. Los valores pueden disminuir de valor, y las inversiones no están garantizadas contra pérdidas.
- **Riesgo de Mercado**: Los mercados financieros son impredecibles y pueden estar sujetos a cambios bruscos. Los factores económicos, políticos y eventos globales pueden influir en los precios de los activos.
- **Rendimiento Pasado**: El rendimiento pasado de activos o productos financieros no garantiza resultados futuros. No utilice el rendimiento pasado como única base para tomar decisiones de inversión.
- **Asesoramiento Profesional**: Se recomienda buscar asesoramiento financiero profesional antes de tomar decisiones de inversión importantes. Un asesor financiero puede ayudarlo a evaluar sus objetivos financieros y tolerancia al riesgo.
- **Documentos de Divulgación**: Antes de invertir, revise y comprenda toda la documentación y los prospectos relacionados con el producto financiero. Esto incluye conocer las tarifas asociadas, plazos y restricciones.
- **Autoevaluación de Riesgo**: Evalúe su propia tolerancia al riesgo y horizonte de inversión antes de tomar decisiones de inversión. No todas las inversiones son adecuadas para todos los inversores.
- Este descargo de responsabilidad no pretende ser exhaustivo y no debe considerarse como asesoramiento de inversión específico. Los inversores deben buscar orientación financiera personalizada y considerar sus propias circunstancias antes de tomar decisiones de inversión. Cualquier decisión de inversión es responsabilidad exclusiva del inversor.